Practical Guide Of Writing In
CHINESE

速成汉语写作教程

Volume I

主编 管延增 种一凡

图书在版编目(CIP)数据

速成汉语写作教程. 上 / 管延增, 种一凡主编. —北京：北京大学出版社，2020.8
ISBN 978-7-301-31408-1

Ⅰ. ①速… Ⅱ. ①管… ②种… Ⅲ. ①汉语 – 写作 – 对外汉语教学 – 教材 Ⅳ. ①H195.4

中国版本图书馆 CIP 数据核字 (2020) 第 115298 号

书　　　名	速成汉语写作教程·上 SUCHENG HANYU XIEZUO JIAOCHENG·SHANG
著作责任者	管延增　种一凡　主编
责任编辑	唐娟华
标准书号	ISBN 978-7-301-31408-1
出版发行	北京大学出版社
地　　　址	北京市海淀区成府路 205 号　100871
网　　　址	http://www.pup.cn　新浪微博: @北京大学出版社
电子信箱	zpup@pup.cn
电　　　话	邮购部 010-62752015　发行部 010-62750672　编辑部 010-62767349
印　刷　者	北京市科星印刷有限责任公司
经　销　者	新华书店
	787 毫米 × 1092 毫米　16 开本　10.75 印张　196 千字 2020 年 8 月第 1 版　2020 年 8 月第 1 次印刷
定　　　价	46.00 元

未经许可，不得以任何方式复制或抄袭本书之部分或全部内容。
版权所有，侵权必究
举报电话: 010-62752024　电子信箱: fd@pup.pku.edu.cn
图书如有印装质量问题，请与出版部联系，电话: 010-62756370

编写说明
Ackowledgements

这是一套针对中高级汉语水平学习者编写的写作技能训练教材，根据难度等级，分上、下两册。

目前，制约汉语学习者写作水平的因素主要包括汉字水平的高低、词汇量的多少及语法的严谨程度等因素，更重要的是汉语学习者往往缺乏运用汉语思维方式进行书面表达的能力。

本套教材注重汉语主体性与形象性的特点，把侧重介绍汉语思维特点的编写理念贯穿到知识学习、技巧训练与写作实践的全过程。同时基于汉语学习者中文写作难点，以写作知识教学与技巧训练为纲，辅以适当的学习者真实的偏误材料进行实践巩固，重视教学内容设计的科学性、系统性，突显"汉语学习者写作教材"特色。

一、教材简介

上册教材共10课，体裁以记叙文、说明文为主，也包括应用文。主题比较丰富，包括写人记事、婚恋生活、网络经济、工作创业等主题。目标群体为已基本掌握HSK四级至五级词汇的中级汉语水平学习者。通过本册教材的系统学习，汉语学习者能够了解并掌握汉语独特的构词方式、词序灵活的句子结构特点，能够运用复杂长句就特定话题进行书面表达，建立汉语篇章阅读的结构意识，为HSK五级考试写作部分做好准备。

本套教材每课的体例大体安排如下：知识银行、头脑风暴、偏误分析、词汇和语法、范文、输出表达这六部分。

知识银行包括写作知识和汉语知识的相关介绍。这部分所介绍的知识具有针对性，简化了各语言共通的写作常识，重点说明汉语写作时的要点和技巧。

头脑风暴基本上相当于课堂导入，其主要目的是激发学习者已有的知识储备和对本课的学习兴趣；或对"知识银行"部分的知识要点进行操练。

偏误分析主要针对学习者在汉语写作中容易出错的语句。这些语句均为编者平时所记录整理的真实语料。对这部分错误语句的分析修改，有利于学习者掌握汉语思维，减少母语负迁移的影响，提高学生书面表达的能力。

词汇和语法结合每课的写作主题，通过练习强化（如完成句子、组词成句、选词填空等），为学生最后的写作输出储备相关的词汇和语法结构。

范文以汉语学习者的真实习作为主，由编者进行了删改。部分范文由编者直接编写，在词汇及语法难度上减少学习者的理解障碍，避免出现过多超纲词。

输出表达是本套教材的最后一个教学环节，供学习者进行写作实践，在实践中检验所学知识，提高写作水平。

二、教材使用建议

本套教材内容丰富，练习形式多样，既适合学期制长期班汉语学习者使用，也适用于短期汉语学习者。

本套教材根据不同的教学对象和教学目标，综合运用过程法设计教学内容和环节，把写作能力训练融合在主题式的任务中，引导学习者通过完成各种活动及练习来掌握写作技巧，提高写作水平，这一原则贯穿于写作教学的各个层面。具体使用建议如下：

知识银行部分，教师应结合学习者特点，有侧重地进行讲解，重点说明中文写作的特点。

头脑风暴部分以激发学习者已有知识储备为主，通过学习者的讨论，在合作学习中形成主题词语聚合，力图使学习者面对某个话题时能够迅速反应出相关词语，为进一步写作奠定基础。

偏误分析部分需要由教师引导，帮助学习者找到问题所在，分析产生偏误的原因，探讨如何避免出现类似偏误，通过这个学习过程帮助学习者建立汉语思维，掌握汉语写作的特点。

词汇和语法部分，教师可以引导学习者输出与本课写作任务相关的句子，为最后的输出表达建立词汇和语法基础。

范文部分需要教师带领学习者扫清理解障碍，提取文章框架，总结文体特点，为学习者提供结构和框架方面的基础。

输出表达部分根据课时、教学重点或学习者特点的不同，教师可以根据过程写作法的特点，在课上由教师带领学习者确定写作主题，设计段落，确定每段的主题句，然后由学习者课下完成写作。

总之，教师可直接按照书中所建议的步骤和时间安排教学，从而减轻教师设计教学环节的压力。关于课时安排，建议每课4课时完成。第1、2课时完成知识银行、头脑风暴、偏误分析、词汇和语法部分；第3、4课时可先对上次课的重点难点进行复习，然后完成范文、输出表达部分。如果教学时间紧张，最后的输出表达写作实践亦可安排课下完成。

以上建议仅供参考，教师可根据学习者水平、课程设置、教学条件等具体情况规划教材如何使用。在此也诚挚地欢迎广大专家、读者、同行对本教材进行批评指正！

编　者

速成汉语写作教程・上
Practical Guide of Writing in Chinese・Volume I

目　录
Contents

第一课　我和我的梦想 …………………………………………… 1
　　1. 写作知识：标点符号　　1
　　2. 汉语知识：多项定语的排列顺序　　4

第二课　那一天 …………………………………………………… 17
　　1. 写作知识：写作格式　　17
　　2. 汉语知识：汉语的基本语序　　19

第三课　期中考试改期 …………………………………………… 32
　　1. 写作知识：应用文　　32
　　2. 汉语知识：应用文的语言　　33

第四课　我来介绍一下 …………………………………………… 47
　　1. 写作知识：人物描写　　47
　　2. 汉语知识：怎样描写人物外貌　　48

第五课　健康的生活 ……………………………………………… 59
　　1. 写作知识：说明文　　59
　　2. 汉语知识：多项状语的排列顺序　　60

第六课　团圆 ……………………………………………………… 73
　　1. 写作知识：改写　　73
　　2. 汉语知识：汉语常用的固定格式　　76

第七课　你听说过"裸婚"吗 ································· 94
　　1. 写作知识：看图作文　　94
　　2. 汉语知识：看图作文中的常用表达　　95

第八课　对休学创业的一点儿看法 ····························· 113
　　1. 写作知识：议论文　　113
　　2. 汉语知识：议论文写作中常用的表达格式　　113

第九课　中国网络购物市场的发展 ····························· 128
　　1. 写作知识：图表说明文　　128
　　2. 汉语知识：图表说明文常用的词语或句式　　128

第十课　《虎妈战歌》读后感 ································· 145
　　1. 写作知识：读后感　　145
　　2. 汉语知识：复句　　146

第一课　我和我的梦想

一　知识银行（建议教学时间：10分钟）

1　写作知识：标点符号

标点符号是书面语的重要组成部分，是记录语言的辅助符号，分为点号和标号两大类。点号的作用是点断，主要表示说话时的停顿和语气。点号又分为句末点号和句内点号。句末点号用在句末，表示句末停顿和句子的语气，包括句号、问号、叹号。句内点号用在句内，表示句内各种不同性质的停顿，包括逗号、顿号、分号、冒号。标号的作用是标明，主要标示某些成分（主要是词语）的特定性质和作用，包括引号、括号、破折号、省略号、着重号、间隔号、书名号等。

（1）句号

用于陈述句末尾，表示一句话说完了，并不取决于句子长短。例如：
① 我是学生，现在在北京大学学习汉语。
② 甲：咱们走着去吧？
　乙：好。

(2) 问号

用于问句的末尾，用于表示询问、反问、选择问或不需要回答而语气是疑问的句子，也并不取决于句子长短。例如：

① 你觉得我们哪天去长城好？
②（听见有人在门外）谁呀？

(3) 叹号

又称感叹号，用于感叹句或者语气强烈的祈使句、反问句末尾，也可用于拟声词后。与句子长短无必然联系。例如：

① 我记得上次看见你的孩子时她刚 3 岁，现在长得这么高啊！
② 别说啦！
③ 咚！咚咚！我突然听见急促的敲门声。

(4) 逗号

用于句子中间，表示句中短小的停顿。例如：

① 在繁忙的机场里，每天都有成千上万的人出发或者到达。
② 北京数量众多的名胜古迹和各种各样的美食，都给我留下了深刻的印象。
③ 大卫，就是我们班的那位美国同学，昨天已经换班了。

(5) 顿号

用于句子中的停顿，表示词语内部的并列关系或者先后顺序。例如：

① 他生气地、大声地一直喊着。
② 我们需要的就是民主、自由、平等的生活。

③ 我今天要讲两个问题：一、写什么；二、怎么写。

（6）分号 ；

表示复句内部并列关系分句之间的停顿，以及非并列关系的多重复句中第一层分句之间的停顿。例如：

① 北京是中国的文化中心；上海是中国的金融中心；广州，我觉得是中国的美食天堂。

② 昨天夜里下了一场雨，以为可以凉快些；谁知没有凉快下来，反而更热了。

（7）冒号 ：

表示语段中提示下文或总结上文的停顿。例如：

① 她高兴地说："咱们去好好儿庆祝一下吧！"

② 张华上了大学，李萍进了公司，我当了经理：我们都拥有美好的前途。

（8）引号 " "

标示语段中直接引用的内容或需要特别指出的成分。例如：

① 李白诗中就有"白发三千丈"这样非常夸张的语句。

② "黑马"常常用来形容让人意想不到的胜利者。

（9）书名号 《 》

标示语段中出现的各种作品的名称，如书名、卷名、篇名、刊物名、报纸名，以及其他精神产品，如电影、电视、音乐、舞蹈等的题目。例如：

① 《西游记》是中国四大名著之一。

② 我最喜欢的歌是《听妈妈的话》。

（10）间隔号 ·

用在音译的名和姓、表示事件或节日的月日简称等需要隔开的词语的中间。例如：

① 克里斯蒂亚诺·罗纳尔多是葡萄牙历史上最著名的球员之一。

② 设立"3·15"消费者权益日的目的是为了更好地保护消费者的权利。

2 汉语知识：多项定语的排列顺序

例：我们班的一个努力学习的、漂亮的女同学

这种多项定语一般的排列顺序是：

> 所属＋数量短语＋动词/动词短语＋形容词/形容词短语＋性质（＋中心语）

所属，指的是与中心语（名词或名词短语等）具有领属关系的词或短语，或表示中心语所处时间、处所的词或短语。例如上文中的"我们班"。

数量短语，指的是与中心语有关的数词和量词。例如上文中的"一个"。

动词或动词短语，指的是与中心语有关的动词或动词短语。例如上文中的"努力学习"。

形容词或形容词短语，指的是修饰中心语的形容词或形容词短语。

例如上文中的"漂亮"。

性质指中心语不同于其他的特点，例如上文中的"女"。常用的有国籍、男女、材料等。

当然这几项是常见的定语，不是每个句子都包括以上所有定语。

二 头脑风暴（建议教学时间：5分钟）

请给下列例句加标点，讨论一下有几种可能

1. 你吃了
2. 你喜欢我不喜欢
3. 她找不到妈妈很着急

三 偏误分析（建议教学时间：15分钟）

| 我 | 今 | 天 | 想 | 去 | 超 | 市 | 买 | 点 | 儿 | 牛 | 奶 | 、 |
| 饼 | 干 | … | 什 | 么 | 的 | . | | | | | | |

1. 这句话在标点符号方面有两处错误，请指出并改正。

（1）_____

（2）_____

"意思"这个词很常用但是它的用法和意思常常让初学汉语的人感到不够明确因为这个词有很多意思。它可以指抽象的意思也可以指一个人的想法。它的用法没有严格限制用在肯定句或者否定句都可以。

2. 这段话漏了四处标点，请指出并加上。

（1）_____

（2）_____

（3）_____

（4）_____

我们的老师叫李，他对我们很好。

3. 这句话在标点符号和语言表达方面有两处错误,请指出并改正。

(1) _____

(2) _____

她	说	：	我	们	一	起	去	吧	！			

4. 这句话在标点符号方面有两个问题,请指出并改正。

(1) _____

(2) _____

四 词汇和语法（建议教学时间：30分钟）

练习 1 为下列句子加上合适的标点符号

1. 老师问我你有什么问题吗
2. 祝你身体健康学习进步每天都平平安安开开心心
3. 北京语言大学被称为小联合国因为已经有170多个国家的学生在这所大学学习过
4. 威廉莎士比亚写的哈姆雷特是世界上著名的戏剧作品

练习 2　组词成句

1. 来自　我　距离　十分　的　遥远　中国　非洲

2. 面试　在　公司　有时　的　时候　要求　用英文　作　求职者　自我介绍

3. 印象　每天　他　给人　最深　的　他　准时　都　上课　来　是

4. 来　学习　他　想　于是　中国　汉语　留学　了

练习 3　熟悉重点词语的用法，并完成句子

1. 庆幸：我很庆幸到现在还没遇到过什么倒霉的事。

   作为公司的经理，我_____。

2. 为难：这个问题一直都让我觉得很为难。

   这件事_____。

3. **不曾**：我从来都不曾听过他的建议。

   虽然来到这个城市已经三年了，但是我还_____

   _____。

4. **放弃**：为了去北京学习汉语，我得放弃原来的计划和当时的机会。

   为了能把这项工作做完，_____。

5. **截然不同**：可是过了几个月以后情况就截然不同了。

   他的想法_____。

练习 4 选词填空

所以　　其实　　但是　　而且

1. _____来北京学习汉语并不是我自己的意愿。

2. 我刚来北京的时候，不但不能适应北京的生活，_____也没有学习的目标。

3. 刚来北京时我24岁，那时我已大学毕业工作三年了，也没有打算在中国找工作，_____总有人问我："那你为什么来北京学习汉语？"

4. 虽然暂时受到损失，_____能得到好处。

五 范文（建议教学时间：40分钟）

题目： _____

  如果你们问我，在北京我经历过什么倒霉的事，我很庆幸到现在还没遇到过什么倒霉的事。可是我有一个永远也不会忘记的经历——就是我是怎么来北京学习汉语的。

  刚来北京时我24岁，那时我已大学毕业工作三年了，也没有打算在中国找工作，所以总有人问我："那你为什么来北京学习汉语？"这个问题一直都让我觉得很为难。

  其实来北京学习汉语并不是我自己的意愿。我的目的是让我爸爸高兴和放心。小时候爸爸就一直提醒我，学习汉语是多么重要。他希望我高中毕业以后马上去北京学习汉语。但是我从来都不曾听过他的建议。

  去年爸爸过生日的时候，我问他有什么愿望，他还是说希望我去北京学习汉语。那时候我才知道，我早晚得去，所以我同意了。但让我为难的是，当时我正在一家规模比较大的公司工作，待遇很高而且很有前途。为了去北京学习汉语，我得放弃原来的计划和当时的机会。

  中国有句成语叫"塞翁失马，焉知非福"，意思是，虽然暂时受到损失，但是能得到好处，也指坏事可能会转变为好事。我刚来北京的时候，不但不能适应北京的生活，而且也没有学习的目标。可是过了几个月以后情况就截然不同了。我认识了很多来自不同国家的新朋友，经历了很多难忘的事，还参观了很多美丽的地方。但给我印象最深的是，我有机会了解到真正的中国人的生活和中国文化。这些与我以前在电视、电影或者书上看到的并不完全一样，让我觉得很新鲜、很真实。

　　总之虽然去北京前感觉很痛苦以为自己失去了很多机会但是最后发现其实我得到的更大更多更宝贵我觉得这就是中国人所说的"塞翁失马，焉知非福"的意思了

1. 给本文加上一个合适的题目。

2. 根据范文，找出"我"的态度变化过程。

不同时期	小时候	高中毕业	去年爸爸生日	刚到北京	最后
"我"的态度					

3. "塞翁失马，焉知非福"的意思是什么？

4. 重写最后一段并加标点。

六 输出表达（建议教学时间：100分钟）

（一）看图作文（建议教学时间：35分钟）

1. 写前讨论。

   （1）根据这张图片，猜猜这位女士在哪儿。

   （2）她正在做什么？

   （3）她可能要去哪儿？为什么？

   （4）你去旅行时行李多不多？

2. 查一查下面的词语，加拼音，并简单解释一下它们的意思。

   （1）目的地_____ （2）梦想_____

   （3）到达_____ （4）前途_____

   （5）乘坐_____ （6）意外_____

   （7）赶_____ （8）耽误_____

   （9）没想到_____ （10）着急_____

3. 根据图片填写表格。

文章题目	
时　间	
地　点	
人　物	

13

（续表）

起　因	
经　过	
结　果	

（二）写作任务（建议教学时间：65分钟）

1. 课堂任务。

   （1）根据图片，分组讨论图片中的这位女士正在做什么、目的地可能是哪儿、她的心情如何等问题。

   （2）每个小组把讨论的内容汇总，写成一段话。

   （3）各组向全班汇报。

2. 定时作文：请根据图片，写一篇300字左右的记叙文。

第一课　我和我的梦想

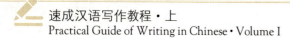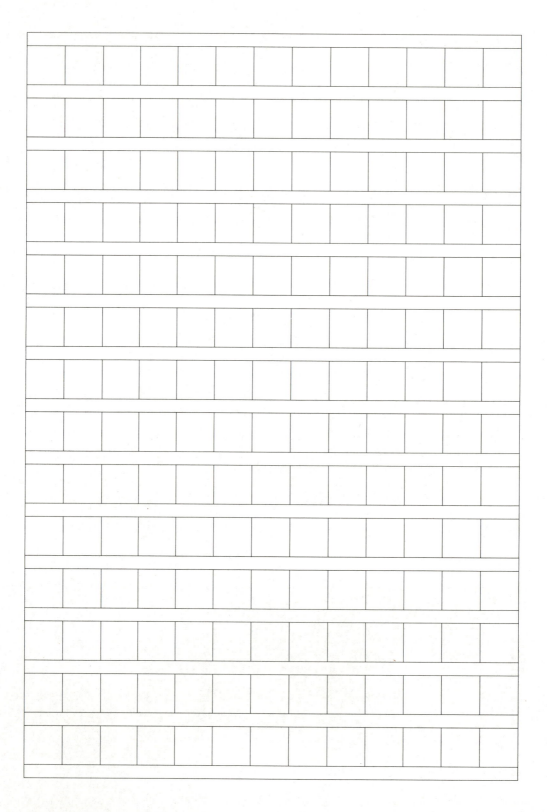

第二课 那一天

一 知识银行（建议教学时间：15分钟）

1 写作知识：写作格式

不同的文体有不同的格式要求，我们这里只介绍一般的写作格式要求。

（1）标题

一般来说，标题应放在文章的第一行且居中。即使标题是一个整句，句末一般也不加标点符号。有时标题句末会加问号、叹号或省略号，但绝不能加句号。标题句中常用的标点符号是顿号和逗号等。

例1

			我	的	大	学	生	活			

例 2

| | | 哪 | 个 | 国 | 家 | 最 | 值 | 得 | 去 | | |

（2）正文及署名

　　文章开头要空两格，如果文章不止一段，则每一段开头都要空两格。文章署名，要写在题目下面，可以居中写，也可以写在右侧。

例 3

			在	北	京	难	忘	的	事		
					梁	佑	熙				
			今	天	我	要	介	绍	的	是	我	在
北	京	的	留	学	生	活	。	我	是	从	今
年	三	月	到	六	月	在	北	京	留	学	的 ，
因	此	我	会	从	每	个	月	中	选	择	一
件	特	别	值	得	一	提	的	事	来	介	绍 。
			三	月	，	我	去	了	龙	庆	峡 。

龙庆峡是位于北京西北边的一个大峡谷。在那儿，我们不光可以坐船游览，还可以看到壮丽的风景。

2 汉语知识：汉语的基本语序

　　一个民族的语言最适合其思维方式，反之，语言也会影响该民族人民的思维方式。例如汉语的时序与句序有较高的对应性，因此汉语的句子结构往往是按照事情或动作发生的先后顺序排列的。比如英语中可以说"When I entered her office, she stood up to greet me"，也可以说"She stood up to greet me when I entered her office"，但汉语只能说"我一走进她的办公室，她便起身和我打招呼"。这就是因为汉语句序需根据事情或动作发生的先后顺序来排列。

　　此外，在句子重心方面，英语首先提供的信息往往是已知信息，最后提供的是新信息。在句子中，信息核心往往安排在句末，也就是说句子的结尾部分不宜太短，应有一定的长度。这种现象在英语中比比皆是。例如英语不说"introduce the interesting movie to him"，因为him太短，压不住阵脚，而是说"introduce him the interesting movie"。而汉语句子的扩展方向与英语相反，主要是自右向左扩展。如"很干净"，可向左逐步扩展为"收拾得很干净""她的房间收拾得很干净"。又如英语说"I met with my middle school classmate at the entrance of the stadium at 7:30 yesterday morning, whom I haven't seen for 5 years",而汉语则说"昨天早上七点半在体育馆门口,我遇到了5年没见的中学同学"。

二 头脑风暴（建议教学时间：10分钟）

语句扩展

老师

汉语老师

漂亮的汉语老师

有十多年教学经验的漂亮的汉语老师

一位有十多年教学经验的漂亮的汉语老师

她是一位有十多年教学经验的漂亮的汉语老师。

1. 小组准备后比赛：语句扩展，描述"春天"。
2. 小组准备后比赛：语句扩展，描述"男孩儿"。
3. 小组准备后比赛：语句扩展，描述"裙子"。

三　偏误分析（建议教学时间：15分钟）

我	们	在	北	京	住	了	半	个	月	去	年	夏
天	。											

1. 请指出这句话的语序错误并改正。

_____

一	般	来	说	，	长	辈	电	脑	不	懂	。	

2. 请指出这句话的语序错误并改正。

_____

昨	天	我	去	看	了	一	个	我	的	朋	友	。

3. 请指出这句话的语序错误并改正。

_____

| 有 | 时 | 学 | 习 | 很 | 累 | 了 | , | 去 | 听 | 音 | 乐 | 自 |
| 己 | 放 | 松 | 。 | | | | | | | | | |

4. 请指出这句话的错误并改正。

四 词汇和语法（建议教学时间：30分钟）

练习 1 看图说话

第二课　那一天

1. 早上起床后，我走到卫生间，_____

_____

_____

2. 兔子和乌龟的故事：兔子　乌龟　比赛　跑步　输赢

有一天，兔子对乌龟说："_____

_____

_____

_____

23

3. 禁止吸烟：电梯　禁烟标志　年轻男子

那天，在电梯里 _____

_____

_____

_____

练习 2　组词成句

1. 跟　五月　我　去　中旬　朋友　什刹海　了

_____

_____

2. 非常   巨大的规模   感到   我   兵马俑   震惊   让

_____

_____

3. 来   之前   我   北京   担心   北京   生活   一直   的

_____

_____

4. 这个月   马上   我们   各奔东西   就要   我会   但是
   记得   永远   你们   了

_____

_____

五 范文（建议教学时间：30分钟）

在北京难忘的事

梁佑熙

很多人常常不喜欢第一次出国留学的地方，因为在那儿往往会遇到很多困难，所以容易让人产生不好的印象。但今天我要介绍的是我在北京的丰富多彩的留学生活。我是从今年三月到六月在北京留学的，因此我会从每个月中选择一件特别值得一提的事来介绍。

　　三月，我去了龙庆峡。龙庆峡是位于北京西北边的一个大峡谷。在那儿，我们不光可以坐船游览，还可以看到壮丽的风景。这样的自然风情给我留下了特别深刻的印象。我没想到，在北京郊区就可以看到那么漂亮的风景。

　　四月，我去西安参观了兵马俑。对我来说，参观兵马俑是一次特别难忘的经历。兵马俑巨大的规模让我感到非常震惊。而且，兵马俑个个栩栩如生，他们脸上的表情和动作都让我十分惊讶。我永远不会忘记参观兵马俑的经历和当时震撼的感觉。

　　下面我再介绍一下五月的事。五月中旬，我跟朋友去了什刹海。那时候我还不熟悉北京的生活和名胜古迹，所以我们买了旅行指南。根据书上的介绍，我们去逛了什刹海，因为听说这个地方很有特色。什刹海让我想起很多特别的地方，比如韩国的梨泰院大街或者日本的小酒店街。晚上走在湖边，我和朋友一边听音乐，一边欣赏着绚丽的灯光，感觉十分浪漫。我觉得晚上的什刹海既有特色又充满了风情。

　　最后，我想说的是，我在北京最高兴的事就是遇见你们——我最好的朋友。来北京之前，我一直担心北京的生活，因为这是我第一次来中国。然而，来到这儿，遇见你们，在你们的帮助下，我很快就习惯了北京的生活。而且，我的每个朋友都是认真的人，因此班里形成了非常好的学习氛围，给了我努力学习的动力。这个月我们马上就要各奔东西了，但是我会永远记得你们。我认为，所有我与你们一起经历的事情，都是我在北京生活中最美好的回忆。谢谢大家让我得到了这么多美好的回忆。

1. 这篇文章一共有几段话？

2. 根据范文，找出每个月作者认为值得一提的事，并用简单的语句概括。

时间	三月	四月	五月
事情			

3. 最后一段话中的"各奔东西"是什么意思？

4. 本文介绍最详细的是哪一段？最简单的是哪一段？作者为什么这样介绍？

六 输出表达（建议教学时间：100分钟）

（一）作文：我到……的第一天（建议教学时间：60分钟）

1. 写前讨论：如果你到了一个新地方，要写发生在这个地方的第一天的故事，你认为应该介绍哪些方面的内容？

（1）你是哪一天到达那个地方的？

（2）你刚到那个地方的时候感觉怎么样？

（3）你印象最深的事情是什么？

（4）你到目的地以后心情有没有变化？

2. 查一查下面的词语，加拼音，并简单解释一下它们的意思。

（1）那时_____　　（2）以为_____

（3）打听_____　　（4）担心_____

（5）从来_____　　（6）经过_____

（7）鼓励_____　　（8）脾气_____

（9）严重_____　　（10）难受_____

3. 根据讨论填写表格。

题　目：	
时间	
地点	
故事背景	
简单介绍	

(续表)

详细说明	
结果或感想	

4. 开头与结尾。

开头（给我留下印象最深的是）：

_____

_____

_____

结尾（结果或感想）：

_____

_____

_____

（二）写作任务（建议教学时间：40分钟）

定时作文：以"我到……的第一天"为题，写一篇350字左右的记叙文。

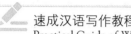

第二课 那一天

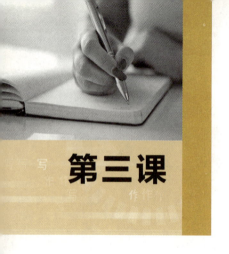

第三课

期中考试改期

一　知识银行（建议教学时间：10分钟）

1　写作知识：应用文

生活中，人们为了处理一些个人事务，常常需要写一些启事，例如寻人寻物、租房子、找辅导老师、买卖二手车等；工作学习中也会经常见到通知、申请书、证明信、请假条、推荐信等。以上相关的文体都属于应用文。应用文的种类很多，主要分为：社交礼俗类，如邀请信、请柬、贺电等；海报启事类，如寻物启事、招聘启事等；便条契据类，如请假条、收条等。本课我们只选取与日常生活或留学生活有关的几个重要的、常用的应用文文体来介绍、操练。

此外，应用文常有固定的格式，不同类型的应用文要求各有不同，但文体结构大体相同，一般包括三个部分：名称，内容，落款和时间。如：

房屋出租启事

五道口地铁站附近有一套房屋出租,二室一厅,有厨房、卫生间和阳台,带家具和电器。房屋豪华装修,可随时看房。

联系人:王先生
联系电话:13810945766
2020 年 6 月 8 日

2 汉语知识:应用文的语言

应用文写作要求语言简单、明确,突出重点内容和相关信息。写作时以书面词语为主,例如口语常用"如果……的话"表示假设,但是在应用文中常用"若"。除此以外,还有一些仅用于应用文的特定短语或句式,例如"盼复""兹有""兹定于……在……举行/召开……"等。

二 头脑风暴(建议教学时间:5分钟)

小组讨论

1. 来中国以后,你看到过哪些通知或宣传单(xuānchuándān, leaflet)?
2. 你在中国买过或卖过二手的东西吗?你写过相关的启事吗?

3. 你在中国找过语伴吗？你是怎么找语伴的？你写过找语伴的启事吗？

4. 你跟老师请过假吗？你写过请假条吗？你会写吗？

三 偏误分析（建议教学时间：25分钟）

自行车

我有一辆自行车，很好，只要180块就可以了。你想买的话请给我打个电话：18818661888。

1. 请找出这则启事的问题并改正。

_____

辅 导

谁要是想要辅导，请打电话13816881832。

2. 请找出这则启事的问题并改正。

_____

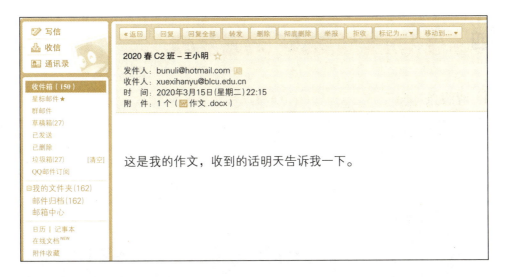

3. 请找出这封邮件中的问题并改正。

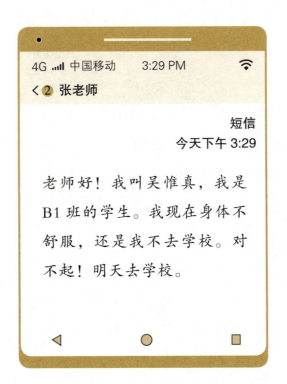

4. 请找出这条请假短信中的问题并改正。

四 例文与练习（建议教学时间：55 分钟）

1. 请假条

   （1）例文：

   > **请假条**
   >
   > 张老师：
   >   昨天晚上我开始发烧、咳嗽，今天仍然感觉不舒服，我打算今天去医院，因此特向您请假。明天争取去上课，并给您医生证明。
   >
   >   　　　　　　　　　　　　　　　　王小明
   >   　　　　　　　　　　　　　　　2020年6月2日

   （2）查一查下面的词语，掌握它们的读音及意思。

   　　仍然　特　争取　医生证明

   （3）请将此请假条改写为短信。

新信息	取消
收件人：张老师	

2. 找语伴

(1) 例文：

寻语伴

本人是北京语言大学印尼留学生，本人英语、印尼语都很流利。为了尽快提高汉语水平，了解中国文化，现寻中国大学生语伴一名。要求：能说标准普通话；每个星期能够共同学习两次，每次至少一个小时。具体情况面谈，本人联系电话：13818981878。

(2) 查一查下面的词语，掌握它们的读音及意思。

　　流利　标准　至少　面谈

(3) 请根据自己的情况写一则寻找语伴的启事。

寻语伴

3. 处理物品

（1）例文：

> **出售电动车**
>
>   本人是北京大学留学生，下个月将回国，现出售电动车一辆。电动车为红色，购于一年前，车况良好，八成新，有购车发票。价格：780元，仅限现金。有意者请电话联系：13817861458。
>
> 麦克
2020年7月16日

（2）查一查下面的词语，掌握它们的读音及意思。

  出售　将　车况　八成　发票　仅　限　现金　有意者

（3）你马上要回国了，有一些物品需要处理，请从下面选择一个物品，练习写一则出售启事。

 电　视：朋友送的，5成新，无发票，860元，校内可送货上门。

 自行车：朋友卖给你的，7成新，150元，自取。

 咖啡机：购于网络，9成新，690元，仅限现金。

出售＿＿＿＿＿＿＿＿

4. 电子邮件

（1）例文：

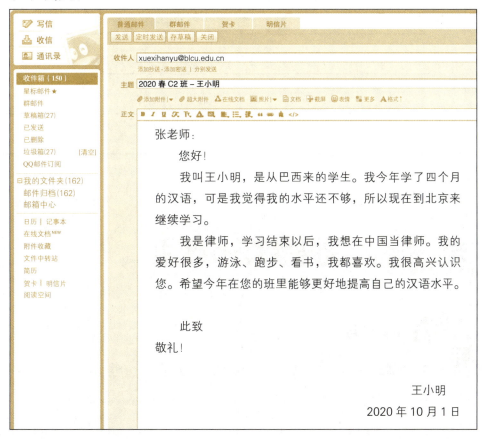

（2）查一查下面的词语，掌握它们的读音及意思。

继续　希望　能够　提高　祝

（3）仿照例文，给你的第一位汉语老师写封邮件，告诉她／他你的近况。

_____

_____

_____

_____

五 词汇和语法（建议教学时间：10分钟）

练习 组词成句

1. 护照　需　携带　考生　原件　考试时

2. 按　网页要求　上传　请　自己的　电子　照片

3. 地点　选择　所希望的　请　考试　您

4. 打电话　遇到　可以　你　给老师　如果　咨询　问题

六 范文（建议教学时间：35分钟）

关于 11 月 14 日汉语水平考试（HSK）的通知

各位同学：

　　现将 2020 年度 HSK 考试我院考点考试安排的有关事项通知如下：

（一）考试时间、报考费用标准

考试级别	考试时间	报考费用（元）
HSK 四级	11 月 14 日　9：00	450.00
HSK 五级	11 月 14 日　13：30	550.00
HSK 六级	11 月 14 日　9：00	650.00

（二）报名方式

　　1. 考生登录汉语考试服务网。注册成为网站用户，报名时选择您所希望的考试项目、考试日期、考试地点后，填写考生的个人信息，按网页要求上传自己的电子照片，就可以轻松完成考试的预订。

　　2. 完成考试预订的考生，可以通过登录个人中心，查看"考试记录"，选择在线支付。

　　注意事项：只有缴纳考试费的预订才能最终生效，考生才能够获得考试确认并获得打印准考证等服务。

3. 考试费支付成功以后，不可以取消考试。

4. 考试前10天（含第10天），考生可以选择更改考试日期（缓考），改为报名当年举办的任何一次相同级别的考试，并缴纳考试费的30%作为更改手续费。

5. 10月28日后，已经支付了考试费的考生可以登录个人中心打印准考证，或致电010-85098791联系领取准考证。

6. 如考生登录汉语考试服务网报名时有问题，可来电话咨询或到老师办公室（师训大楼12楼办公室）咨询。

注意事项： 考试时考生需携带护照（或居留证）原件、准考证、铅笔、橡皮。

联 系 人：李老师　黄老师
联系电话：010-85098791
国际汉语学院
10月14日

1. 查一查下面的词语，加拼音，并简单解释一下它们的意思。

（1）登录_____　　（2）选择_____

（3）填写_____　　（4）查看_____

（5）支付_____　　（6）缴纳_____

（7）获得_____　　（8）更改_____

2. 根据范文，找出报名HSK四级考试的相关事项。

报名费用	

（续表）

考试时间	
支付方式	
领取准考证时间	
最晚可申请缓考时间	
考试咨询电话	
考试时需带的东西	

3. 如果报名遇到问题，你可以通过哪些方式得到帮助？

4. 汉语通知的格式与你们国家通知的格式有哪些异同？

七 输出表达（建议教学时间：60分钟）

（一）通知：期中考试改期（建议教学时间：20分钟）

1. 写前讨论：假如你是一名大学老师，因为某种原因，期中考试不得不改期（期末考试不受影响），所以需要通知考生。

   请讨论关于改期的下列问题：

   （1）考试为什么改期？

（2）考试改在哪一天？

（3）如果不能参加改期的考试怎么办？

（4）考试成绩什么时候可以知道？

2. 查一查下面的词语，加拼音，并简单解释一下它们的意思。

（1）改期_____　　（2）规定_____

（3）咨询_____　　（4）特殊_____

（5）地点_____　　（6）补考_____

（7）提前_____　　（8）考试范围_____

（9）成绩_____　　（10）申请_____

3. 根据讨论填写表格。

题　目：	
改期原因	
改在哪一天	
不能参加怎么办	
考试成绩	

(二) 写作任务（建议教学时间：40分钟）

定时作文：写一个关于期中考试改期、期末考试不受影响的通知。要求300字左右。

第四课 我来介绍一下

一　知识银行（建议教学时间：15分钟）

1　写作知识：人物描写

如果要写一篇文章介绍一个人，我们常常想到的第一个问题是——我要介绍谁？其次，我们还应考虑向谁介绍，读者是谁？读者对象不同，写文章所使用的语言也不同。在考虑好以上两个问题后，我们接着应考虑的是如何把文章写得有特点，如何做到主题鲜明，内容清楚，重点突出。我们可以从以下四个方面对人物进行描写：外貌、语言、动作、心理。

关于外貌，我们可以描写人物的容貌，也可以描写人物的穿着打扮等特点，当然要抓住最能体现人物特征的地方描写。

在写人的作文中，对人物语言的描写是必不可少的，每个人的语言都有自己的特点，我们要抓住可以表现人物性格、思想特征的语言来描写。

描写人物，动作描写也不可缺少。通过动作描写可以突出人物的性格，如"他弯着腰，前后左右不停地拍着篮球，两眼滴溜溜地瞅着对手，想寻找投球的机会"一句中，通过动作描写，把"他"机灵敏锐的特点生动地刻画出来了。

人物的心理描写最难，往往借助动作、语言、表情及其变化的描写来表现心理特点。心理描写可以通过人物自述内心思想感情的方式，也可以通过作者对人物的客观分析进行描述。

2 汉语知识：怎样描写人物外貌

有些留学生常受母语影响，多使用"有"字句描写人物外貌，例如把"She has big eyes"这个句子直接翻译成下面的句子：

＊她有大大的眼睛。

这样翻译来的句子往往不合适或不生动，因此我们应该注意，汉语母语者较多使用"主语＋动词＋着＋名词性短语"句式。例如：

（1）他长着一双炯炯有神的大眼睛。

（2）她穿着一件红色的羊毛大衣。

此外，汉语母语者也喜欢使用比喻句对人物外貌特点进行描写。例如：

（1）她长着一双明亮的大眼睛，每当她笑起来时，眼睛就像弯弯的月亮。

（2）她长得太漂亮了，眼睛似清泉，眉毛如柳叶，一头乌黑浓亮的头发像黑色的瀑布一样从头顶倾泻而下。

二 头脑风暴（建议教学时间：10分钟）

猜猜他／她是谁

1. 请介绍班里一个同学的外貌、语言、动作等特点，让大家猜猜是谁。
2. 请介绍你的一位老师的外貌、语言、动作等特点，让大家猜猜是哪位老师。

三 偏误分析（建议教学时间：20分钟）

| 世 | 界 | 上 | 每 | 个 | 人 | 都 | 有 | 母 | 亲 | ， | 但 | 我 |
| 的 | 母 | 亲 | 是 | 特 | 别 | 对 | 我 | 的 | 生 | 活 | 。 | |

1. 请指出这句话的问题并改正。

| 他 | 有 | 一 | 双 | 大 | 的 | 黑 | 色 | 的 | 眼 | 睛 | 。 | |

2. 请指出这句话的问题并改正。

_____

| 娜 | 塔 | 莉 | 非 | 常 | 漂 | 亮 | ， | 她 | 比 | 我 | 一 | 样 |
| 高 | 。 | 她 | 的 | 头 | 发 | 比 | 我 | 的 | 一 | 样 | 长 | 。 |

3. 请指出这句话的问题并改正。

_____

飞	机	马	上	就	要	起	飞	了	，	但	是	她
怎	么	也	找	不	到	护	照	了	。	她		

4. "她"此时的心情可能是怎样的？请补写她此时的心情。

四 词汇和语法（建议教学时间：30分钟）

练习1 为下列句子加上合适的标点符号

1. 一天晚饭后（　）爸爸问孩子（　）你最近在看什么书呀（　）
2. 你真是一个又聪明又可爱的孩子（　）
3. 图书馆的书真多呀（　）历史故事和有关中国文化的书是我最喜欢的（　）
4. 能否按时完成作业（　）主要看我们是不是真的努力（　）

练习2 组词成句

1. 可是　我　他　却　相信　特别

2. 一个　班长　我们　的　是　非常　有责任感　人　的

3. 说服　我　没有　人　觉得　能够　他

4. 喜欢　你　什么　最　类型　的　电影

练习 3　熟悉重点词语的用法，并完成句子

1. **似乎**：虽然已经来北京两个月了，但她似乎还是不习惯北京的生活。

   她的脸突然红了，似乎_____。

2. **后悔**：虽然这一年我在大学的学习和生活都很辛苦，但我不会后悔这段经历。

   让他最后悔的事情是_____。

3. **遗憾**：我们不得不遗憾地通知您，今天的飞机都无法起飞。

   _____，这不能不说是一个遗憾。

4. **抱怨**：他每天下班后总抱着手机看，也不陪妻子和孩子，他妻子总是跟我抱怨。

   今天女儿跟我抱怨说_____。

5. **无怨无悔**：他对女朋友说："我会一直等你的，就是再等十年我也无怨无悔。"

   这条路是你自己选择的，_____。

练习 4　选词填空

对于　　无论　　连　　此外

1. 很多韩国的高中生_____周末都会去各种课外班学习。

2. 图书馆里有很多关于中国历史、文化方面的书，_____世界历史方面的书也很多。

3. 其实_____日本学生来说，汉字也不算容易。

4. _____最后能不能成功，我都会努力去做的。

五 范文（建议教学时间：35分钟）

特别值得一提的同学——王义

王义是印尼人。他人非常好，是我最好的朋友。从他身上，我学到了不少东西。

上个学期，我们两个人经常早上一起在校园里跑步。那时候，他告诉我很多他在高中、大学的故事，其中包括他遇到了什么样的人，发生过什么样的事。期间，他受过很多委屈，也遭遇过别人的误解，可是，他连一句抱怨的话也没说。他似乎没有感到一点儿遗憾或者后悔。

对我来说，这样的故事，这样的委屈，我是不会对别人说的，可是他却这么信任我。我从他身上看到了"对于生活应该无怨无悔"的这种乐观积极的生活态度。

此外，他还是一个特别有责任感的男人。他从来不去酒吧或者迪厅，因为他对女朋友做出过一个承诺，即在北京留学期间不会去这样的地方。无论朋友怎么劝他去酒吧，都说服不了他。这件事让我觉得他是一个值得交往的好朋友。

记得那年10月5号学校放假，刚好又是他的生日，我们好多印尼朋友便在宿舍里给他过生日。我们劝他喝了很多酒，最后他喝醉了。突然，他的脸色变得很难看，开始伤心地说起他的心事：他担心自己不会让女朋友享受幸福的生活，因为他不是有钱人；女朋友的父母已经去世了，他得照顾好女朋友。然后他又说很讨厌自己："为什么我可以在这儿喝醉？而现在我的父母在家里正日夜操劳，拼命工作？"最后，_____
_____
_____

1. 查一查下面的词语，加拼音，并简单解释一下它们的意思。

（1）期间_____　　（2）委屈_____

（3）抱怨_____　　（4）无怨无悔_____

（5）乐观_____　　（6）迪厅_____

（7）承诺_____　　（8）醉_____

（9）讨厌_____　　（10）操劳_____

2. "我"了解王义的哪些事？

3. 王义对女朋友的承诺是什么？

4. 王义是一个什么样的人？你通过哪些事可以知道他的为人？

5. 这篇文章的结尾可能是什么？请你续写一个结尾。

六 输出表达（建议教学时间：90分钟）

（一）请介绍一个人（家人、朋友、同学、亲戚(qīnqi)或偶像(ǒuxiàng)）（建议教学时间：40分钟）

1. 写前讨论。

（1）你打算介绍的那个人是谁？

（2）他/她的外貌特点是什么？

（3）他/她的性格怎么样？

（4）他/她的爱好是什么？

2. 查一查下面的词语，加拼音，并简单解释一下它们的意思。

（1）性格＿＿＿＿＿＿　　　　（2）善良＿＿＿＿＿＿

（3）内向＿＿＿＿＿＿　　　（4）外向＿＿＿＿＿＿

（5）活泼＿＿＿＿＿＿　　　（6）大方＿＿＿＿＿＿

（7）爱说爱笑＿＿＿＿　　　（8）严肃＿＿＿＿＿＿

（9）幽默＿＿＿＿＿＿　　　（10）社交＿＿＿＿＿＿

3. 根据讨论填写表格。

题　目：	
他/她的基本情况	
他/她的外貌特点	
他/她的性格	
让你印象深刻的事情	

（二）写作任务（建议教学时间：50分钟）

定时作文：以"我的……"为题，写一篇350字左右的作文。

我的＿＿＿＿＿＿

第五课 健康的生活

一、知识银行（建议教学时间：10分钟）

1 写作知识：说明文

说明文是一种以说明为主要表达方式、主要向别人介绍某种事物的形状、构造、功能或介绍某种知识、地方或某个物品使用方法等的文体。比如百科全书就是介绍某种知识与事物的说明文；还有小孩子常看的《十万个为什么》也是一种说明文；此外还有各种说明书、旅游指南等都是生活中常用的说明文。

说明文的语言往往是客观的，一般不带有个人的感情色彩。在写说明文时，首先要考虑读者是谁，然后根据读者的情况选择使用合适的词语、句子、语法、语言特点等。一般来说，说明文要做到语言准确，条理清楚，保证科学。

说明文的说明顺序一般分为以下几种：

（1）时间（过程）顺序：按照事物发生、发展的顺序进行介绍，从开始到结束或者从古到今等。例如介绍说明产品制作过程、动植物生长过程等，多以时间为序。

（2）空间（结构）顺序：按照事物结构的一定顺序安排文章的顺序。比如从整体到局部，从上到下，从外到内，从前到后，从近到远等。例如介绍长城、故宫等建筑物时，多按照一定的空间顺序。

（3）事理（逻辑）顺序：根据各部分之间的逻辑关系来安排文章的顺序。比如从主要方面到次要方面，从原因到结果等。例如介绍说明中国的茶叶，我们可以先介绍最受欢迎的绿茶，然后介绍红茶，最后介绍人们不太熟悉的白茶和黄茶。

（4）多顺序并用：上面三种顺序是写作说明文的三种基本方法，在一篇说明文中也可以相互配合一起使用。当然这对作者的语言水平及写作技巧有很高的要求。

2 汉语知识：多项状语的排列顺序

修饰动词或者形容词（中心语）的成分是状语，状语体现动作行为的方式或者情态等，例如"高兴地说""特别努力"中的"高兴""特别"都是状语，它们分别修饰"说"和"努力"。多项状语是指一个句子中同时包含两个或两个以上的状语。

例： 孩子有礼貌地轻轻点了一下头。

多项状语的一般排列顺序是：

> 目的或原因 + 时间 + 处所 + 副词（范围或频率）+ 形容词或动词（情态）+ 对象（+ 中心语）

例：（1）许多职员为了公司业务的提升（原因），每天早上八点（时间）就在办公室里（处所）热情地（情态）给客户（对象）打电话。

（2）那个男生为了向安娜表达爱意（目的），昨天（时间）在电视台（处所）又（频率）真诚地（情态）为安娜（对象）点了一首情歌。

当然未必每个句子都包括以上所有的部分。

二 头脑风暴（建议教学时间：10分钟）

（一）小组活动

请介绍一个地方或者一个你喜欢的东西，介绍的时候请选择一种说明顺序。

（二）语句扩展

聊天儿

开心地聊天儿

一起开心地聊天儿

在他的房间一起开心地聊天儿

大家在他的房间一起开心地聊天儿。

1. 小组准备后比赛：语句扩展"游泳"。
2. 小组准备后比赛：语句扩展"喝酒"。

三　偏误分析（建议教学时间：10分钟）

| 她 | 做 | 作 | 业 | 在 | 图 | 书 | 馆 | 每 | 天 | 下 | 午 | 。 |

1. 请指出句子中的错误并改正。

| 他 | 是 | 不 | 但 | 我 | 的 | 老 | 板 | 而 | 且 | 我 | 人 | 生 |
| 的 | 老 | 师 | 。 | | | | | | | | | |

2. 请指出句子中的错误并改正。

| 我 | 不 | 去 | 过 | 中 | 国 | 五 | 年 | 以 | 前 | 。 | | |

3. 请指出句子中的错误并改正。

我	每	一	个	人	遇	到	的	对	我	都	非	常
亲	切	，	有	些	人	亲	自	甚	至	带	我	去
我	想	去	的	地	方	。						

4. 请指出句子中的错误并改正。

_____

_____

四 词汇和语法（建议教学时间：20分钟）

练习 1 排列顺序

1. A. 他都最适合当班长
   B. 还是从性格来看
   C. 无论从学习成绩来看　　_____

2. A. 请大家一定要随身带雨伞
   B. 同学们请注意
   C. 天气预报说明天有大雨　　_____

3. A. 虽然早饭很重要
   B. 有一些人往往不吃早饭
   C. 但是由于工作太忙   _____

4. A. 这家饭店的服务不错
   B. 就是太贵了
   C. 饭菜的味道我也很喜欢   _____

练习 2　组词成句

1. 苹果　特别　一种　是　有营养　水果　的

   _____

2. 健康　对　常常　吃　不好　很多人　快餐　认为

   _____

3. 心情　我　的　时候　不好　往往　会　东西　很多　吃

   _____

4. 锻炼　早上　很多　老人　身体　在　公园里

   _____

练习 3　选词填空

　　　　而　　往往　　其实　　未必

1. 我的很多高中同学都已经有孩子了，_____我现在连婚还没结。

2. 努力_____一定会成功，但是如果不努力就一定不会成功。

3. 人们对历史的理解_____是站在自己国家的角度。

4. _____孩子是否事业有成对父母来说并不是最重要的。

五　范文（建议教学时间：50分钟）

范文一_____

　　一说到快餐，人们往往想到的是没有营养和肥胖。其实，快餐的种类有很多，也未必那么没营养，只要快餐店愿意提供更多健康的选择，同时用餐的人也能够注意多吃有营养的东西，快餐一样可以吃出健康来。

1. 写前讨论。

（1）一般人们认为快餐怎么样？

（2）快餐有没有营养？

（3）快餐能否吃出营养？怎样才能吃出营养？

2. 请给这篇短文加上一个合适的题目。

3. 根据范文的主题，用所给的词语造句。

　　往往：_____。

　　营养：_____。

　　肥胖：_____。

　　未必：_____。

　　健康：_____。

4. 结合下列词语（要全部使用），写一篇 80 字左右的短文，并注意检查、修改、润色，使文章更通顺连贯。

　　往往　　营养　　肥胖　　未必　　健康

范文二

我的父母身体很健康,他们看起来一点儿也不像是七十多岁的老人。他们很少生病,而且精神特别好。他们告诉别人保持身体健康的秘密就是运动,每天早上他们都和别的老人一起去公园锻炼身体。

1. 写前讨论。

   （1）认真观察图片，你认为这些老人可能在哪儿？他们正在做什么？

   （2）这些老人的表情、动作有什么特点？

   （3）你觉得他们的心情怎么样？

2. 发挥你的想象，根据图片上提供的信息，结合生活经验，写一篇关于老人如何保持身体健康及年轻心态的说明性短文（100字左右）。注意说明文的逻辑顺序，如原因、结果等，并使用恰当的连词，如"因为……所以……"。

3. 写完后检查、修改、润色，使短文更通顺连贯。

六 输出表达（建议教学时间：100分钟）

（一）请结合下列词语（全部使用），写一篇 100 字左右的短文

（建议教学时间：50 分钟）

性格　内向　外向　开心　健康　快乐

1. 确定文体。

2. 确定主题。

3. 根据范文关于健康的主题，用所给的词语造句。

性格：_____。

内向：_____。

外向：_____。

开心：_____。

健康：_____。

快乐：_____。

4. 小组讨论，调整句子的顺序，注意连词的使用，将句子连成一篇文章。

5. 写完后检查、修改、润色，使短文更通顺连贯。

（二）请结合图片，写一篇 100 字左右的短文（建议教学时间：50 分钟）

1. 写前讨论。

    （1）图片中的人是做什么的？

    （2）图片中的人手里拿着什么东西？

    （3）这两种事物之间有什么联系？

2. 发挥你的想象，根据图片上提供的信息，结合生活经验，跟同伴儿讨论一下图片想要传达什么信息。

3. 总结与同伴儿讨论的信息，并写下来，注意使用恰当的连词。

4. 写完后检查、修改、润色，使短文更通顺连贯。

第六课 团圆

一 知识银行（建议教学时间：20分钟）

1 写作知识：改写

改写是根据原文思想内容，重写或改变其表现形式的作文训练方法。改写有多种方式：一是改换文章体裁，如把说明文改写成记叙文、把诗歌改写成记叙文等；二是改换人称，如将第一人称叙述转变为第三人称叙述；三是改换叙述方式，如把人物对话改为叙述形式，把顺叙改为倒叙或改换句式等。

改写的方法包括：

（1）改换文章体裁：把说明文改为记叙文等。例如：

原文：故宫位于北京的中心，是中国明清两代的皇宫，有大小宫殿七十多座，房屋九千余间。故宫还有一个名字叫"紫禁城"。……故宫的建筑很有特点。

改为：上个周末，我和朋友一起去了故宫。故宫位于北京的中心。听导游讲，它是中国明清两代的皇宫，有大小宫殿七十多座，房屋九千余间。故宫真大啊！今天，我还了解到故宫还有一个名字叫"紫禁城"，故宫的英文翻译就是从这儿来的。……我们都被故宫的建筑吸引了。

（2）改换人称：把第一人称改为第三人称，或者把第三人称改为第一人称。例如：

原文：我从来不认为只看书本就能提高汉语水平。

改为：他从来不认为只看书本就能提高汉语水平。

（3）改换叙述方式：

① 把人物对话改为叙述形式。例如：

原文：A：我很长时间都没好好儿读书了，你有什么新书推荐吗？

B：听说有一本关于历史的书非常畅销，我查找一下书名再告诉你。

改为：A很长时间没好好儿读书了，他想让B推荐给他一本书。B知道有一本关于历史的畅销书，可是他忘了书名，他要查找一下书名再告诉A。

② 把顺叙改为倒叙、插叙等。例如：

原文：我拿上行李出了机场，忍不住喊了一声："北京！我来了！"按照机场的指示牌，我找到了出租车等候区，正好有一辆车向我开来。司机对我说："你好！去哪儿？"我听懂了！我一边拿出写着地址的本子给他看，一边说："去这儿。"在车上，我看着

马路两旁的高楼大厦，不禁感慨万分。北京的变化太大了，跟我上次看到的北京很不一样。大概四十分钟后，我就到了学校。（顺叙）

改为：东西收拾好以后，我终于躺在宿舍的床上了！就在两个多小时前，我刚到北京。我拿了行李出机场的时候，忍不住喊了一声："北京！我来了！"按照机场的指示牌，我找到了出租车候车区，……大概四十分钟后，我就到了学校。（倒叙）

不知不觉，我来北京已经两个月了。今天我来机场接朋友。当朋友走出来的时候，她兴奋地说："北京！我回来啦！"我突然想起自己两个月前也是这么兴奋。当时我拿着行李出机场的时候，也喊了一声："北京！我来了！"这时，朋友走过来给了我一个大大的拥抱。我帮她拿着行李，一起走出机场。我们……（插叙）

③ 改换句式：扩写或缩写句子，将陈述句改为反问句等。例如：

原文：那是一个街上没有什么人的阴雨天，我一个人拿着很多行李打车去机场。

扩写：记忆中，那是一个街上没有什么人的阴雨天，我一个人拿着很多行李，站在路边招手打车去机场。

缩写：那是一个阴雨天，我拿着行李打车去机场。

原文：他也不想做到一半就放弃。

改为反问句：他难道想做到一半就放弃吗？

2 汉语知识：汉语常用的固定格式

在汉语里，有一些比较固定的语言格式，例如"从……到……""当……的时候"等，我们在学习中可以整体记忆这些结构。记住了这些结构，对汉语写作有很大帮助。例如：

常用固定格式	例 句
自从……以后	自从输了那次比赛以后，他整个人都没了精神。
在……方面	在生活方面，我觉得这里的一切都很便利，买东西也可以不出门。
跟/与/同/和……相比	跟原来的火车相比，高铁的速度快了不止一倍。
拿……来说	这儿的水果很便宜，拿草莓来说，十块钱就能买一斤。
在……看来	在很多人看来，网络学习是未来学习方式的发展趋势。
对……很感兴趣/有兴趣	最近，他对中国功夫很感兴趣。
为……而……	他每天为挣钱养家而拼命工作。 我们为他取得了这么好的成绩而感到骄傲。
使……变得……	智能手机使我们的生活变得更方便快捷、丰富多彩。
在……的基础上	我希望自己能够在现有的基础上进一步深入学习汉语知识。
据……说/介绍/研究/统计/分析/观察/了解/调查	据那篇文章分析，青少年迷恋网络游戏的最主要原因是能从中获得满足感。

二 头脑风暴（建议教学时间：25分钟）

（一）请将下列句子按照要求进行改写

1. 这件事让人们不得不注意环境保护问题。（改为肯定句）

2. 他怎么能这样做呢？（改为陈述句）

3. 小美偷偷地告诉小丽："我们的秘密被小明知道了。"（改为间接叙述句）

4. 抽烟不利于身体健康。（改为反问句）

5. 年轻的妈妈轻轻地推开了那扇玻璃门。（缩句）

6. 他问我能不能帮他这个忙。（改为直接问句）

（二）看图转述

将下列漫画中的对话改为叙述体故事。

口 水

（图片选自刘志刚《麻辣汉语 爆笑漫画》，商务印书馆，2014年，有改动）

你听过"口水"的故事吗？

有一天，小丽看到了"口水"这个词，她不知道是什么意思，就查了词典，词典说"口水"是_____。小丽想确认一下它的意思，就去问老师，_____

_____

_____。

三 偏误分析（建议教学时间：15分钟）

| 朋 | 友 | 告 | 诉 | 他 | 小 | 心 | 地 | ， | 是 | 他 | 的 | 发 |
| 音 | 惹 | 了 | 麻 | 烦 | 。 | | | | | | | |

1. 请指出句子中的错误并改正。

_____

| 来 | 山 | 东 | 以 | 前 | 老 | 师 | 说 | 我 | 们 | ， | 泰 | 安 |
| 的 | 意 | 思 | 是 | " | 国 | 泰 | 民 | 安 | " | 。 | | |

2. 请指出句子中的错误并改正。

_____

有	一	群	年	轻	人	这	样	，	他	们	大	学
毕	业	以	后	工	作	很	辛	苦	，	收	入	还
很	低	。										

3. 请指出句子中的错误并改正。

_____

| 你 | 不 | 能 | 说 | 这 | 样 | ， | 他 | 听 | 了 | 以 | 后 | 会 |
| 生 | 气 | 的 | 。 | | | | | | | | | |

4. 请指出句子中的错误并改正。

_____

| 火 | 车 | 开 | 了 | 两 | 个 | 多 | 小 | 时 | ， | 以 | 后 | ， |
| 我 | 到 | 达 | 了 | 上 | 海 | 。 | | | | | | |

5. 请指出句子中的错误并改正。

_____

| 我 | 去 | 学 | 校 | 报 | 了 | 到 | ， | 以 | 后 | 我 | 找 | 到 |
| 了 | 宿 | 舍 | 楼 | 入 | 住 | 。 | | | | | | |

6. 请指出句子中的错误并改正。

_____

四 词汇和语法（建议教学时间：15分钟）

练习1 组词成句

1. 跟……差不多 年轻人 我 情况 很多 的

   _____

2. 收入 他的 由于 很低 只能 很小的 房子 里 他 住在

   _____

3. 问题 坐上了 我 好多 带着 火车 西安 的 去

   _____

4. 我们 之后 到了 学校 回了 机场 打车

   _____

练习2 熟悉重点词语的用法，并完成句子

1. 惹麻烦：有时候，发音不好会在跟别人的交往中惹麻烦。

   他做事情不动脑子，_____。

2. 临时：找不到稳定的工作，他只好找了一份临时工作。

   比赛前他受伤了，_____。

3. **心潮起伏**：因为是第一次来中国旅行，坐在火车上，我心潮起伏，不停地想象着我们的旅行会是什么样。

　　看着眼前的美景，_____。

4. **动身**：一到泰安，我们马上就动身去了泰山。

　　大家已经决定一起去西安，_____。

5. **吸引**：泰安市最有名的景点是泰山，泰山那美丽壮观的景色吸引了很多游客前来游览。

　　那个精彩的表演_____。

6. **期待**：带着对孔子故乡曲阜的期待，我躺在床上美美地睡着了。

　　考试过后，学生们都_____。

五　范文（建议教学时间：25分钟）

（一）改换叙述方式（建议教学时间：10分钟）

范文一

原文（对话体）

客人1：请问"睡觉"多少钱？

服务员：什么？！

（售货员生气地离开）

客人1：奇怪！她为什么生气？

客人2：因为你的发音不标准，"水饺"不是"睡觉"。

改写文（叙述体）

一天，两个好朋友一起去饭馆儿吃饭。其中一个人问服务员水饺多少钱，让他没想到的是，服务员听了后生气地说了句"什么"就走了。这位客人觉得有些奇怪，他不明白服务员为什么会生气。旁边的朋友小心地告诉他，是他的发音惹了麻烦，他把"水饺"说成了"睡觉"。

（二）改换人称（建议教学时间：15分钟）

范文二

原文（第三人称）

在北京，有这样一群年轻人，他们大学毕业后找不到合适的工作，就开始做推销、餐饮服务等临时性的工作。这些大学毕业生工作很辛苦，收入也很低，有很多人甚至面临随时失业的风险。他们大多年龄在22岁到29岁之间，虽然身在大城市，但挤住在"城中村"。人们称他们为"蚁族"。

改写文（第一人称）

我是一名大学毕业生，毕业以后虽然找不到稳定的工作，常常做推销、餐饮服务等临时性的工作，但我还是想留在北京。我每天像蚂蚁一样辛苦地工作，可是收入还是很低，只能住在"城中村"。我住的地方很小，跟很多人挤在一起。在北京，跟我同龄、情况差不多的年轻人还有很多，我们被人们称为"蚁族"。

（三）改换叙述方式（建议教学时间：20分钟）

范文三

原文（顺叙）

5月4日是我们出发去山东旅行的日子。坐在火车上，我心潮起伏，不停地想象着旅行会是什么样。我担心自己听不懂当地人说的话，想象着当地的小吃是什么味道。

火车开了两个多小时以后，我们到达了泰安。泰安是我们旅行的第一站。这是山东中部的一座城市，因为有名的泰山就在这里，所以泰安吸引了很多游客来这儿旅行。来山东以前，老师告诉我们，泰安的意思是"国泰民安"。我觉得国泰民安不仅是古人的美好愿望，也是现代人的理想。我们都希望自己的国家繁荣富强，人们的生活幸福安康。

泰安市最有名的景点是泰山，我们到泰安之后马上就动身去了泰山。这是我来中国以后第一次爬山，所以我很兴奋。

第一次坐了中国的火车，第一次来到山东，第一次爬泰山……这么多的第一次给了我满满的兴奋。当天晚上，我倒在宾馆的床上，带着对孔子的故乡——曲阜的期待，美美地睡着了。

改写文（倒叙）

车到站了，我们又回到了熟悉的北京。五天的旅程飞一般地结束了。这次旅行带给我很多第一次：第一次在中国旅行，第一次坐中国的火车，第一次去山东，第一次在中国爬山……这些经历真让人难忘。

想起5月4日我们出发的那一天，坐在火车上，我心潮起伏，心里不停地想象着旅行会是什么样。我担心自己听不懂当地人说的话，想象着当地的小吃是什么味道。

火车开了两个多小时以后，我们到达了泰安。泰安是山东中部的一座城市，是我们旅行的第一站。泰安市最有名的景点是泰山，它吸引了很多游客来旅行。我们到了之后马上就动身去了泰山。这是我来中国以后第一次爬山，所以我很兴奋。

去山东以前，老师告诉我们，泰安的意思是"国泰民安"。我觉得国泰民安不仅是古人的美好愿望，也是现代人的理想。我们都希望自己的国家繁荣富强，人们的生活幸福安康。

当天晚上，带着旅行第一天满满的兴奋和第二天对孔子故乡——曲阜的期待，我倒在床上，美美地睡着了。

回答下列问题：

1. 根据范文一，说一说在转述别人的话时，怎样使用"告诉""说""问"等词语。

2. 根据范文二，说一说使用第三人称叙述时，除了"他们"，还可以使用什么样的词语表达。

3. 根据范文三，谈一谈在写作中，"顺叙"和"倒叙"的主要差别是什么。范文中是怎么体现的。

六 输出表达（建议教学时间：100分钟）

团　圆

爸爸在外面盖大房子。他每年只回家一次，那就是过年。

今天，妈妈和我起得都特别早，因为——

爸爸回家了。

我远远地看着他，不肯走近。爸爸走过来，一把抱起我，用胡子扎我的脸。

"妈妈……"我吓得大哭起来。

"看我给你买了什么！"爸爸赶紧去掏他的大皮箱——哦，好漂亮的帽子！

妈妈也换上了爸爸买的新棉袄。

吃过午饭，爸爸对我说："走，剪头发去。剪了头发，明年就会顺顺当当的。"

我坐在椅子上等爸爸。呀，镜子里的爸爸越来越像以前的爸爸了！

包汤圆喽！爸爸把一枚硬币包进汤圆里："谁吃到它，谁就会交好运哦！"

第二天一大早，妈妈就端上了热腾腾的汤圆，爸爸用勺子喂给我吃。

突然，我的牙被一个硬东西硌了一下。

"好运硬币！好运硬币！"我叫起来。

"毛毛真棒！快收到兜里，好运就不会跑掉喽！"爸爸比我还开心呢。

妈妈给我换上了新棉袄，要去拜年啦！

路上，我遇见大春。"毛毛，你去哪儿啊？"

"我跟爸爸去拜年！"

"我也是。看，我有大红包！"

"这有什么稀奇！"我从兜里掏出那枚硬币，"我有好运硬币！爸爸包在汤圆里，被我吃到了！"

大年初二，……

"咦，那边是什么声音啊？""噢，大街上在舞龙灯呢！"

爸爸直起身子，看了看远处。

"在哪儿？在哪儿？"我使劲儿踮起脚尖。

爸爸让我骑到了他的肩膀上："这回看到了吧？"

"看到了，看到了，他们过来啦！"

大年初三，下雪了，雪下得好大好大！

下午，雪终于停了，大春他们来找我玩儿。

我们在院子里堆了一个大雪人，然后开始打雪仗。

天快黑的时候，我才回到家里，一摸口袋——啊，不见了！好运硬币不见了！

我冲到院子里，院子里全都是雪，我的好运硬币在哪儿？

"毛毛别哭，我再给你一个。看，跟那个一样！"爸爸摸出一枚硬币。

"不要不要，我就要那个！"我一边哭一边叫。

晚上，我难过地爬上床，脱棉袄的时候——"叮当"，有个东西掉到了地上。

硬币！我的好运硬币！

"爸爸快来看，好运没丢，它一直在我的身上！"

那天夜里，我睡得特别香……

(本文节选自余丽琼绘本故事《团圆》)

（一）看图作文（建议教学时间：40分钟）

1. 查一查下面的词语，加拼音，并简单解释一下它们的意思。

（1）团圆＿＿＿＿＿＿＿＿　　（2）盖＿＿＿＿＿＿＿＿

（3）胡子＿＿＿＿＿＿＿＿　　（4）掏＿＿＿＿＿＿＿＿

（5）棉袄＿＿＿＿＿＿＿＿　　（6）顺顺当当＿＿＿＿＿＿＿＿

（7）汤圆＿＿＿＿＿＿＿＿　　（8）枚＿＿＿＿＿＿＿＿

（9）热腾腾＿＿＿＿＿＿＿＿　　（10）喂＿＿＿＿＿＿＿＿

（11）兜＿＿＿＿＿＿＿＿　　（12）踮＿＿＿＿＿＿＿＿

（13）堆＿＿＿＿＿＿＿＿　　（14）冲＿＿＿＿＿＿＿＿

2. 根据《团圆》一文，结合下图，分组进行讨论。

（1）今天毛毛为什么起得特别早？她为什么大哭起来？她和妈妈分别收到了什么礼物？

（2）第二天吃汤圆时，毛毛为什么那么开心？在遇到好朋友大春时，他们说了什么？

（3）大年初二那天，爸爸带毛毛做了什么？

（4）大年初三，毛毛为什么哭了？后来怎么样了？

3. 根据《团圆》中的故事，完成下表中毛毛的春节大事记。

时　间	除　夕	大年初一	大年初二	大年初三
故事	1. 爸爸回家 2. 爸爸带了礼物 3. 爸爸理发 4. _____			
毛毛的 心情变化	陌生→熟悉			

（二）写作任务（建议教学时间：60分钟）

1. 课堂任务。

    （1）分组讨论：全班分为两大组，每组内部再分为两小组。一个小组讨论人称改写，以旁观者的身份介绍毛毛的故事；另一个小组讨论如何以倒叙的手法重述《团圆》的故事。

    （2）各组汇报：大组将小组的书面报告连接成文，向全班汇报。

2. 定时作文：在课堂写作的基础上，以人称改写或倒叙的手法介绍《团圆》这个故事，要求400字左右。

    参考题目：《毛毛的新年》《最难忘的一个新年》

第六课　团　圆

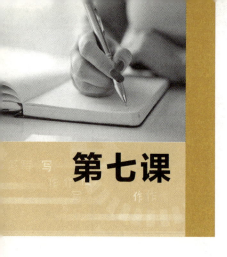

第七课　你听说过"裸婚"吗

一　知识银行（建议教学时间：10分钟）

1　写作知识：看图作文

看图作文，就是按照所给的一幅或几幅图，对图中所展现的情境、事物等进行描述、说明，对其中蕴含的道理进行阐述，或表达自己的观点。

看图作文要注意以下几点：

（1）了解画面内容和大意。认真观察图中人物的动作、神态、语言、穿着、人物关系、所在环境等。如果是几幅连续的图，要按照顺序观察图中事情发生的时间、地点、人物、环境等。

（2）写出事情经过。根据上一步仔细地观察，把画面中的内容连成一个完整的故事，也可以通过联想，叙述图中没有表现出来的事情的前因后果等内容。注意每幅图之间的叙述描写要连贯。

（3）写出图中蕴含的道理、寓意，表达自己的观点。

2 汉语知识：看图作文中的常用表达

在看图作文时，常用到一些语句，来说明图中所表达的意思，或表明自己的看法。列举如下：

常用表达	例 句
这幅图描述的是……	这幅图描述的是现在很多年轻人依靠父母生活的状况。
看起来……，实际上……	这看起来是一个家庭的故事，实际上类似的情况发生在很多家庭中。
通过……，我们可以看出来……	通过这个故事，我们可以看出来，诚信是最宝贵的财富。
对……持支持/赞同/反对态度	他们都非常赞同他的看法，而我对这种看法持反对态度。
可见，……	现在出国旅游的人越来越多，可见，人们的生活水平提高了不少。
综上所述，……	综上所述，成功要通过努力才能实现。

二 头脑风暴（建议教学时间：20分钟）

（一）小组讨论

1. 你来中国以后，遇到过什么新鲜事？

2. 和中国人交往时，你遇到过文化沟通方面的问题吗？

3. 在中国学习，你感受到文化不同带来的文化冲击了吗？

（二）看图说话

有人用一些图来表现中西文化的差异（右图代表中国），你理解每幅图的意思吗？你同意作者的观点吗？请用一句话概括。

1. 聚会

2. 一日三餐

3. 送礼物

4. 晒太阳

5. 老人的日常生活

6. 孩子

参考表达格式：

① A……，而 B（则/却）……

② 与/和/跟 A 相比，B……

③ 和 A 不同/相反，B……

④ A……，相比之下，B……

⑤ A……，可是/但是/不过 B 却……

⑥ A 跟 B 相比，我更……

三 偏误分析（建议教学时间：10分钟）

我	是	个	性	格	内	向	的	人	，	到	了	陌
生	的	城	市	更	是	这	样	，	听	别	人	说
话	比	我	自	己	说	喜	欢	得	多	。		

1. 请指出句子中的错误并改正。

_____

既	然	来	到	这	里	我	打	算	多	出	去	走
走	，	多	看	，	多	感	觉	，	多	想	。	我
的	写	比	说	不	好	。						

2. 请指出句子中的错误并改正。

_____

| 坐 | 车 | 的 | 时 | 候 | ， | 我 | 发 | 现 | 在 | 北 | 京 | 比 |

我	的	城	市	车	的	数	量	比	较	高	，	而
且	北	京	的	出	租	车	比	别	的	地	方	的
比	较	贵	。									

3. 请指出句子中的错误并改正。

_____

| 我 | 喜 | 欢 | 西 | 餐 | 比 | 中 | 餐 | 清 | 淡 | ， | 中 | 餐 |
| 常 | 常 | 比 | 较 | 油 | 腻 | 。 | | | | | | |

4. 请指出句子中的错误并改正。

_____

四 词汇和语法（建议教学时间：20分钟）

练习 1 组词成句

1. 与……不同 美 中国人 肤色 以……为 白 西方人

第七课 你听说过"裸婚"吗

2. 老人 常常 中心 孙子 的 退休后 以……为
   他们 照顾 孙女 生活

   _____

3. 一天 习惯 我 热的 饭 对……来说 我 三顿 吃

   _____

4. 中国 夏天 晒黑 女孩子 常常 怕 打伞 所以

   _____

练习 2　熟悉重点词语的用法，并完成句子

1. 为……而：她的父母一直为她找不到男朋友而发愁。

   很多贫困家庭的孩子，_____。

2. 不能否认：不能否认的是，双方家庭对婚姻的影响还是
   挺大的。

   虽然发展经济给环境带来了不利影响，_____
   _____。

3. 与A不同，B……：与中国人不同，西方人的结婚目的则
   简单得多。

   _____，我更喜欢一个人去旅游。

4. 不可避免：择偶标准不可避免地受到婚姻目的的影响。

   一个人在国外生活，_____。

5. **不同于……**：不同于中国人的看法，西方人主要考虑的是恋爱双方是不是性格合得来。

   不同于有些人来中国是为了旅游，_____
   _____。

6. **显示**：英国一项调查显示，有57%的父母认为他们的女儿有一份好工作比嫁一个好老公更重要。

   调查结果显示，_____
   _____。

7. **倍感困惑**：外籍一方因为不太了解中国人的婚恋观念而倍感困惑。

   _____因为_____而倍感困惑。

五　范文（建议教学时间：40分钟）

中西方婚恋观念的差异

中西方文化存在差异，这种差异也表现在婚恋观念上。网上常有一些关于跨国恋爱的帖子，外籍一方因为不太了解中国人的婚恋观念而倍感困惑。有一些外国朋友初来中国，对于身边的中国朋友为过节没有恋爱对象带回家而发愁这类事情表示不解；还有朋友听到中国有"公园相亲会"时，更是惊讶地张大了嘴巴：父母也可以替子女去相亲吗？

如果你了解了中国人的婚恋观念，就会找到刚才几个问题的答案了。

说到中西方婚恋观念的差异，首先要提及的是结婚的目的。在中国的传统婚姻中，爱情跟家庭相比，显得不那么重要。古时候男女青年结婚的目的是听从父母之命，建立两个家族之间的关系，女方为男方家庭传宗接代。当然，在当今中国社会，这种观念有了很大的改变，人们追求婚姻自由，爱情至上。但是不能否认的是，双方家庭对婚姻的影响还在，所以有人说，结婚不是两个人的事，而是两个家庭的事。

与中国人不同，西方人的结婚目的则简单得多，即步入婚姻的大门，找到长久的生活伴侣，使爱情有一个美满的结果。西方人个体意识很强，所以婚姻对他们来说，是两个人的事情，跟家庭的关系不大。

其次，中西方的择偶标准不同。择偶标准不可避免地受到婚姻目的的影响，所以，中国人在选择结婚对象时，常常说"门当户对"，意思是男女双方的家庭背景、生活条件要差不多一样，这是婚姻美满的基础。"门当户对"的考虑因素有经济基础、家庭背景、学历和知识水平、外貌条件等。不同于中国人的看法，西方人主要考虑的是恋爱双方是不是性格合得来，在生活、工作等方面是不是有共同语言，家庭背景等因素都不是那么重要的。

再有，婚姻中男女双方的地位也有一些差异。受中国传统观念的影响，中国女性在家庭中主要承担"相夫教子"的工作，家庭的经济来源主要由男人负责。由于男人是一家之主，所以"大男子主义"不可避免地存在着。现代中国，随着男女平等的观念不断深入人心，女性通过自己的努力工作赚钱，经济上保持独立，其地位也提高了。然而，"干得好不如嫁得好"的观念还在影响着很多人，因此女方在挑选结婚对象时非常慎重，女方的家人也会严格把关，男方想要娶到女方，非得过"娘家人"这一关。而对于西方人来说，家庭的压力要小得多，结婚后，夫妻双方地位平等，共同承担家庭的经济责任。

综上所述，中国人的婚姻和双方家庭的关系很大，年轻人到了适婚年龄还没有谈恋爱、结婚，家里人尤其是父母会催，甚至父母会亲自帮助子女相亲。每到节日、亲戚聚会，恋爱结婚也是常聊的话题。但是，西方人不一样，英国一项调查显示，有57%的父母认为他们的女儿有一份好工作比嫁一个好老公更重要，仅有7%的父母认为拥有一个好的婚姻才是幸福生活的保证。

1. 根据上文，用一句话解释下面的图片要表达的内容。

（1）

_____

（2）

_____

2. 小组讨论：解释下面的词语或句子，并发表自己的观点。

（1）跨国恋爱：_____

（2）公园相亲会：_____

（3）传宗接代：_____

（4）门当户对：_____

（5）相夫教子：_____

（6）大男子主义：_____

（7）娘家人：_____

（8）干得好不如嫁得好：_____

（9）结婚不是两个人的事，而是两个家庭的事：

_____

六 输出表达（建议教学时间：100分钟）

（一）看图作文（建议教学时间：40分钟）

对待爱情的态度，人们不尽相同。有的人的看法如图（1），有的看法如图（2），也有的人能接受图（3）的观点。请分别介绍每组图表达的不同观点，然后谈谈自己的看法。

（1）

A

B

（2）

C

D

1. 查一查下面的词语,加拼音,并简单解释一下它们的意思。

（1）房奴_____　　（2）成家立业_____

（3）经济基础_____　　（4）婚姻_____

（5）事业有成_____　　（6）物质_____

（7）精神_____　　（8）积蓄_____

（9）贷款_____　　（10）奋斗_____

（11）现实_____　　（12）接受_____

（13）忍受_____　　（14）为……而……_____

（15）平等_____　　（16）干得好不如嫁得好_____

（17）闪婚_____　　（18）一见钟情_____

2. 请简单概括每一幅图的大意。

A_____

B_____

C_____

D_____

E_____

F_____

3. 写前思考题：小组讨论。

（1）在你们国家，男女双方应该为婚姻做什么准备？

（2）当代中国社会，为什么有人认为爱情建立在有房子的基础之上？你身边有这样的例子吗？

（3）你们国家年轻人的平均结婚年龄是多大？大龄青年会被家人催婚吗？

（4）漫画（1）（2）中对理想的另一半有什么要求？你们国家呢？

（5）什么是"裸婚"？你们国家看重结婚的物质条件吗？

（6）什么是"闪婚"？

（7）你们国家的年轻人大多对婚姻采取什么样的态度？

（8）在你的母语中，是否有一些关于婚姻话题的新词？

讨论后请根据思考题填写表格：

爱情基础	结婚年龄	物质基础	父母家人意见	理想另一半	新词语

4. 根据你的了解，谈一谈以下婚姻观出现的时代背景及产生原因。

婚姻观	时代背景	产生原因	表　现
爱情＝房子			
裸婚			
闪婚			

（二）写作任务（建议教学时间：60分钟）

1. 课堂任务。

（1）分组讨论：全班分为两大组，每组内部分为三个小组，每个小组分别分析图（1）（2）（3）中的一种婚姻观，并写成文字介绍。

（2）各组汇报：大组将小组的书面报告汇总成文，向全班汇报。

2. 定时作文：在课堂写作的基础上，写一篇文章介绍现代中国年轻人的婚姻观，要求字数为500字左右。

第七课 你听说过"裸婚"吗

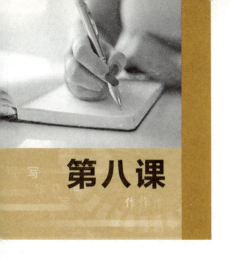

第八课　对休学创业的一点儿看法

一　知识银行（建议教学时间：15分钟）

1　写作知识：议论文

议论文是通过对某个问题或事件进行分析、评论，发表意见，表明态度、看法或主张的一种文体。议论文的三要素包括论点、论据、论证，即提出问题，说明自己的态度和主张，说明理由。

议论文以议论为主要表达方式，通过摆事实、讲道理，表达作者的观点。写议论文，应该观点明确、论据充分、语言精练。一般可以按照"提出问题—分析问题—解决问题"三部分的结构方式来写。提出问题时，可以直接说明观点，也可以对比两种观点；分析问题时要分段写，层次清楚，符合逻辑；解决问题部分可以综合前边的论述，提出个人观点。

2　汉语知识：议论文写作中常用的表达格式

为了表达清楚观点，有时我们需要一条一条列举情况或者说明原因，常使用的表达格式有：

标志词句群	例句
一方面……，另一方面……	一方面，我们不能怕困难；另一方面，我们也不能轻视困难。
一是……，二是……	我来这儿的原因，一是为了学习汉语，二是为了了解中国文化。
一来……，二来……	用这个方法，一来可以解决资金的问题，二来可以解决用人的问题。
有的……，有的……	假期到了，同学们有的出去旅游，有的回国，有的留在学校继续学习。
首先……；其次……；再次……；最后……	要学好汉语，首先要努力；其次要找到科学的学习方法；再次要坚持；最后要尽量多跟中国人交流。

二 头脑风暴（建议教学时间：15分钟）

（一）快速回答

1. 你想过在大学期间休学创业吗？
2. 你觉得休学创业对完成大学学业是否会有影响？
3. 你身边有没有休学创业的同学？他们的情况怎么样？

（二）小组讨论

1. 大学生休学创业有哪些好处和坏处？理由是什么？
2. 你对大学生休学创业有什么看法？

> **参考表达格式：**
> ① ……引起了热烈讨论/关注
> ② 人们对此问题的观点不尽相同：有的人认为……，有的人认为……
> ③ 众所周知，……
> ④ 与此相反，……
> ⑤ 就我而言，……
> ⑥ 我的观点是……，理由/原因如下：
> ⑦ 首先，……；其次，……；再次，……；最后，……
> ⑧ 不可否认，……
> ⑨ 最重要的一点是……

三 偏误分析（建议教学时间：10分钟）

有	的	人	以	为	，	中	国	大	学	生	就	业
难	，	创	业	人	数	少	，	而	却	有	的	人

| 提 | 出 | 反 | 对 | 意 | 见 | 。 | | | | | |

1. 请指出句子中的错误并改正。

_____

培	养	学	生	的	创	业	能	力	，	不	管	对
社	会	和	学	生	个	人	，	也	是	很	有	必
要	的	。										

2. 请指出句子中的错误并改正。

_____

| 虽 | 然 | 是 | 创 | 业 | ， | 就 | 肯 | 定 | 有 | 失 | 败 | 的 |
| 风 | 险 | ， | 但 | 年 | 轻 | 人 | 可 | 以 | 失 | 败 | 。 | |

3. 请指出句子中的错误并改正。

_____

依我看，我认为鼓励大学生创业很有必要。一来呢，创业可以给大学生提供学习社会知识的机会；二来呢，可以锻炼大学生的能力。

4. 请指出句子中的错误并改正。

_____

四 词汇和语法（建议教学时间：25分钟）

练习 1 模仿下列句子的格式，写出新句子

1. 近年来，大学生休学创业的问题引起人们越来越多的关注。

　　我的句子：_____

2. 如果创业失败，他们要承受学业和工作两方面的压力。

　　我的句子：_____

3. 创业失败**不利于**大学生的个人发展。

   我的句子：_____

   _____

4. **就我而言**，我支持大学生休学创业，**理由如下**：**首先**，创业可以给大学生提供学习社会知识的机会；**其次**，可以锻炼大学生的能力；**再次**，可以解决一些就业问题。

   我的句子：_____

   _____

   _____

练习 2　选词填空

与此相反　众所周知　总而言之　不可否认　鼓励　检验　促进

1. _____，法国以服装、时尚闻名世界。

2. _____，大学期间打工会积累一些社会经验，但是，对于学生来说，学习还是首位的。

3. 她认为常听中文歌能很好地_____汉语学习。

4. 有的人反对他的意见，可_____，大多数人是支持他的。

5. 他在大家的_____下，报名参加了比赛。

6. _____一句话，我不同意下周的安排。

7. 考试是_____学习效果的一个好方法。

五 范文（建议教学时间：35分钟）

对大学生休学创业的一点儿看法

中国每年的毕业生数量增长很快。2010年毕业生有630万，2015年已增长到749万，而到了2020年，这个数字上升到874万。毕业生数量的快速增加，使得大学生就业的压力不断增大。

自2014年年末教育部发文允许大学生休学创业以来，休学创业引起了人们的广泛关注，一时间，关于这个话题的讨论也越来越热烈。

有的人认为，中国越来越多的大学毕业生面临找工作的难题。在这样的情况下，政府和学校鼓励、支持大学生休学创业，培养学生的创业能力，不论对社会还是对学生个人，都是很有必要的。

与此相反，有的人认为鼓励大学生休学创业，虽然可能解决一些就业问题，但也会让一些人浪费大学的学习时光。如果创业失败，则要承受学业和工作两方面的压力，不利于大学生个人发展。所以不应该去鼓励，只是允许就可以。

就我个人而言，我比较支持大学生休学创业。理由如下：

首先，休学创业可以检验学生在学校学习的书本知识，同时给大学生提供学习社会知识的机会。很多人觉得，在大学期间，学生就应该好好儿学习，毕业后还有很多时间和机会去了解社会。

但是，我个人觉得，将学会的书本知识拿到生活中去检验，这样会更清楚自己的学习目标，对今后发展更有帮助。

其次，休学创业可以锻炼大学生的能力。大学生年轻时多尝试不是坏事。比尔·盖茨（Bill Gates）、乔布斯（Steve Jobs）、扎克伯格（Mark Elliot Zuckerberg）都是在这个年龄创业成功的。中国的马云创业时也不过三十多岁。当然，不可否认，创业成功毕竟是少数，创业失败也很正常。既然是创业，肯定有失败的风险。但年轻人可以失败，因为他们有的是时间，也有的是精力，敢去尝试，是一件好事。

再次，从国家的角度来说，鼓励大学生休学创业，既能解决一定的就业问题，丰富大学生的就业选择；同时，也会促进大学生的创新意识，将创新成果用于创业，会给中国的市场带来推动力。

总而言之，我支持鼓励大学生休学创业。当然，最重要的一点是，大学生个人要做好准备，安排好学习时间，认识到创业可能会带来的问题，真正自主地选择创业。与此同时，我们的社会也应该创造有利的创业环境。

1. 根据上文，回答下列问题。

（1）最近什么话题引起了人们的关注和讨论？

（2）关于这个话题，支持者的理由是什么？

（3）关于这个话题，反对者的理由是什么？

（4）作者的观点是什么？他是怎么论证的？

2. 用简洁的语言整理出本文的结构。

第一部分：社会现象介绍

　　中国每年的毕业生数量_____。2010年以来，毕业生数量的快速增加，_____。2014年教育部发文_____。_____引起了人们的广泛关注。

第二部分：人们对社会现象的不同看法

　　有的人认为，_____；与此相反，有的人认为_____。

第三部分：作者的观点及理由

　　就我个人而言，我_____：首先，_____；其次，_____；再次，_____。

第四部分：总结

　　总而言之，_____。
_____。

六 输出表达（建议教学时间：100分钟）

近年来，中国学生出国留学人数不断增加。请你阅读以下材料，并结合自身的情况，谈谈对出国留学的看法。

（一）阅读材料

1. 关于中国出国留学人数的调查。

有调查显示，2014年度中国出国留学人员总数达到45.98万人，达到近年来新高。其中，自费留学形式占出国留学总数的90%左右。

从中国留学生人数海外留学目的国分布来看，美国、加拿大、英国、澳大利亚、新西兰稳居前五位。

从消费支出结构上看，中国留学生的支出主要用于学费和生活费。其中，教育支出为单项最大支出，占比22%；零售消费支出为第二大单项支出，占比21%；餐厅消费占到总支出比例的9%；百货公司和超市支出分别为6%；航空支出占了4%；其他项目（如房租、医院就诊、娱乐消费等）占比32%。

调查显示，出国留学人员中，主要以攻读国外硕士学历为主，并且年龄结构呈现低龄化趋势。

（节选自新华网《去年我国出国留学人数达45.98万 呈现低龄化趋势》，2015年7月31日，网址：http://education.news.cn/2015-07/31/c_128080424.htm）

2. 图表：中国留学生已成多国最主要生源。

第八课　对休学创业的一点儿看法

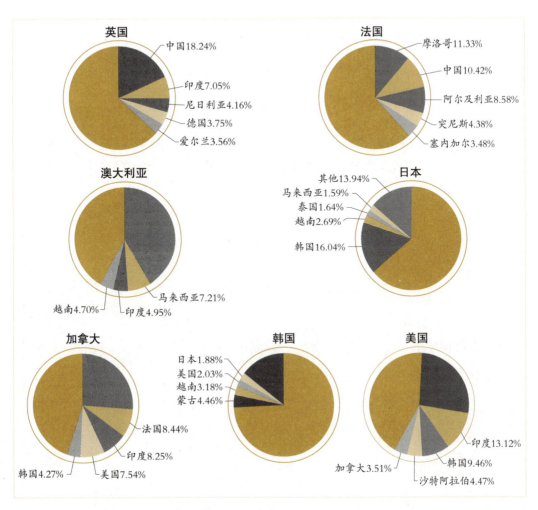

（图表选自《中国留学生已成多国最主要生源》，2014 年 11 月 13 日，网址：http://www.canadaae.net/zhonghenews/636.html）

（二）阅读理解

1. 查一查下面的词语，加拼音，并简单解释一下它们的意思。

（1）调查_____　　（2）显示_____

（3）消费_____　　（4）支出_____

（5）结构_____　　（6）攻读_____

（7）呈现_____　　（8）趋势_____

2. 根据阅读材料完成下列表格，再进行小组讨论。

（1）先根据材料填写下面表格中中国留学生的情况，然后讨论一下你们国家或其他国家的情况，讨论后填表。

国家	留学人数增长情况	留学目的地	留学花销比例	留学攻读学位	其他情况
中国					
你们国家					
其他国家					

（2）分析出国留学的利弊，并和同学分享你的观点。

	好处（利）	问题（弊）
出国留学		

3. 根据以上讨论，整理自己对出国留学的看法。可以模仿阅读材料，先列出提纲，再完成一篇400字的文章。

对_____的一点儿看法

写作提纲：

第一段：_____

_____

第二段：_____

_____

第三段：_____

_____

第四段：_____

_____

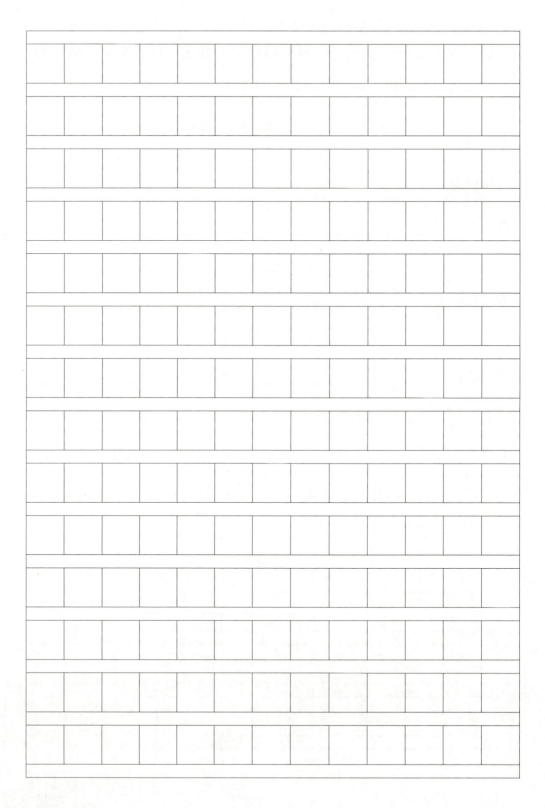

第八课　对休学创业的一点儿看法

第九课　中国网络购物市场的发展

一　知识银行（建议教学时间：15分钟）

1　写作知识：图表说明文

图表说明文是说明文的一种，文章信息多以图表、数据等方式呈现，有文字材料辅助说明。写好图表说明文，要正确理解图表的主题，描述图表中的重要数字信息，语言要简洁、易懂。

图表说明文的写作要点如下：

（1）根据图表内容，描述图表反映的总体情况，概括大意；

（2）对图表中的突出数据进行分析、比较、说明，并对数据的差异或产生变化的原因进行分析；

（3）归纳总结，发表评论。

2　汉语知识：图表说明文常用的词语或句式

在描述图表时，经常要说到占比多少，汉语常用的句子是"有"字句，例如"有7%的学生来自这一地区"。除此以外，还有一些常用的词语或句式。如下表所示：

常用的词语或句式	例　句
根据	根据图表中的信息，我们可以看出来"住房"支出是每个家庭花销的最大项。
占	平均每个学生每周花在学习上的时间占他全部时间的 40%。
仅	十年前，这个地区选择出国留学的大学毕业生仅占 0.5%。
多达/高达/重达	据调查，本校使用这个品牌手机的学生多达 4000 人。
超过	有超过半数的人支持他的建议。
比例/比重	在日常家庭支出上，大家在购买生活日用品上所占的比例普遍比较高。
A 是 B 的 X 倍 / A 比 B 多 X 倍	女生人数是男生人数的两倍。/ 女生人数比男生人数多一倍。
百分之…… / ……分之……	有四分之三的学生认为这次考试内容偏难。
出现/有 + 上升/下降/增加/减少的趋势	国庆节期间，外地来京游客人数有上升的趋势。

二 头脑风暴（建议教学时间：25 分钟）

（一）快速回答

1. 你每个月的生活费中，哪个方面的开销占的比重最大？
2. 你觉得在中国生活跟在你们国家比，哪方面的开销大？

3. 你知道在饮食方面，哪些国家的开销比较大？

4. 你认为哪个国家的人在教育和休闲方面的花费比较高？

（二）图表描述

下图是2015年一项关于家庭开销去向的调查结果，请根据图表提供的信息，填空或回答问题，并跟同学交流。

各国家庭开销去向对比：哪项最花钱
各项支出占家庭总开销的比例①

	澳大利亚	加拿大	印度	日本	欧盟28国	墨西哥	俄罗斯	沙特	美国	中国
食物	10.0%	9.4%	29.9%	13.7%	12.4%	23.4%	30.7%	17.9%	6.8%	36.2%
烟酒	3.5%	3.5%	3.2%	2.6%	4.1%	2.6%	8.3%	0.5%	2.1%	
衣服	3.2%	4.1%	7.5%	3.4%	5.0%	3.0%	9.2%	5.6%	3.4%	10.9%
住房水电燃气	23.8%	24.7%	13.2%	25.3%	24.7%	20.4%	10.3%	21.2%	18.7%	8.9%
家具	4.2%	5.5%	3.9%	3.9%	5.5%	5.3%	5.0%	7.3%	4.2%	6.7%
健康	6.2%	4.4%	3.7%	4.6%	3.8%	4.1%	3.7%	1.7%	20.9%	6.4%
交通	10.8%	15.5%	15.9%	11.8%	12.8%	19.0%	12.5%	9.1%	10.2%	14.7%
通讯	2.4%	2.5%	1.1%	3.0%	2.6%	3.5%	4.7%	6.3%	2.4%	
休闲	10.0%	8.5%	1.6%	9.2%	8.8%	4.6%	5.2%	2.8%	8.9%	
教育	4.4%	1.6%	1.3%	2.2%	1.1%	1.5%	1.4%	2.5%	2.4%	12.2%
餐馆酒店	6.6%	7.0%	2.6%	6.5%	8.2%	4.0%		5.3%	6.4%	
其他杂项	14.9%	13.3%	16.1%	13.8%	11.0%	8.6%	5.6%	19.8%	13.6%	4.0%

（选自网易新闻《一周数读：各国家庭开销对比、冰桶挑战捐款去向》，2015年9月18日，网址：https://3g.163.com/data/article/B3PETS4V00014MTN.html，有改动）

---

① 注：中国只涉及城市消费数据（因统计类别不同，部分项目为合并统计）。

第九课 中国网络购物市场的发展

1. 在健康方面，开销最大的国家是_____，开销达到_____。
2. 中国人在购买衣服上每年的开销是最高的，占总开销的_____。
3. 食物是俄罗斯人的最大开销，高达_____；而教育的花费则比较小，仅占_____。食物的开销比教育高_____。
4. 在每年的家庭消费中，住房水电等方面比重比较大的国家是_____、_____以及_____，分别占家庭总消费的_____、_____、_____。
5. 在交通方面，_____每年的开销所占比例最高，占家庭总开销的_____。
6. 哪些国家家庭的最大开销还是在解决吃穿的基本需求上？哪些国家在这方面的开销比较小？原因是什么？
7. 哪些国家的人把更多的钱花在休闲娱乐上？原因是什么？
8. 在你们国家，人们的消费支出大概是什么情况？

参考表达格式：

① 调查结果显示，……
② 根据图表，……
③ 从图表可以看出 / 可见，……
④ 在……方面，……占总开销的……分之……
⑤ ……的开销达到百分之……
⑥ ……占的比重最大 / 最小
⑦ ……、……分别占百分之……、百分之……
⑧ 在……方面的开销减小 / 增加到百分之……
⑨ ……占总开销的……分之……

三 偏误分析（建议教学时间：10分钟）

| 可 | 见 | 从 | 图 | 表 | 中 | ， | 中 | 国 | 留 | 学 | 生 | 的 |
| 数 | 量 | 不 | 断 | 增 | 加 | 。 | | | | | | |

1. 请指出句子中的错误并改正。

_____

| 交 | 通 | 的 | 开 | 销 | 占 | 墨 | 西 | 哥 | 人 | 家 | 庭 | 开 |
| 销 | 19% | 。 | | | | | | | | | | |

2. 请指出句子中的错误并改正。

_____

| 中 | 国 | 人 | 在 | 家 | 具 | 和 | 健 | 康 | 方 | 面 | 的 | 开 |
| 销 | 分 | 别 | 是 | 6.7% | 和 | 6.4% | 。 | | | | | |

3. 请指出句子中的错误并改正。

_____

| 在 | 韩 | 国 | 的 | 中 | 国 | 留 | 学 | 生 | 比 | 重 | 不 | 断 |
| 增 | 加 | ， | 从 | 以 | 前 | 的 | 56% | 增 | 加 | 了 | 74% | 。 |

4. 请指出句子中的错误并改正。

_____

四　词汇和语法（建议教学时间：20 分钟）

练习 1　模仿下列句子的格式，写出新句子

1. 截至 2014 年 12 月，我国网络购物用户已达到 3.61 亿，比 2013 年年底增加了 5953 万人。

   我的句子：_____

   _____

2. 从图表可以看出，2014 年我国手机网络购物用户达到 2.36 亿，而 2013 年仅为 1.44 亿，手机网络购物用户数量增长迅速。

   我的句子：_____

   _____

3. 与之相关，手机网络购物用户的比例也在增加，2013 年占手机网民的 28.9%，2014 年增长了 13.5%，达到 42.4%。

   我的句子：_____

   _____

4. 从调查结果可见，我国网络购物市场出现普及化和移动化的发展趋势。

   我的句子：_____

   _____

练习 2　选词填空

明显　　比例　　限于　　迅速　　与之相关　　趋势

1. 随着在线教育技术的不断发展，网上学习成为一种_____。
2. 参加本次活动的学生仅_____本校学生，不对外校开放。
3. 学习这个专业的学生男女_____为 7∶2，绝大多数为男生。
4. 这几天的气温_____回升，比前几天暖和多了。
5. 第一个图表反映了出国留学人数的变化，第二个图表是_____的几组数据。
6. 这个地区旅游业发展_____，目前从事旅游相关工作的人员已达到一万人。

五 范文（建议教学时间：30 分钟）

中国网络购物市场的发展

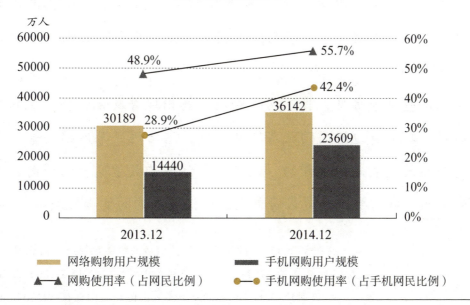

从以上图表可以看出，2013年到2014年，我国网络购物用户和手机网购用户在不断增加，越来越多的网民使用电脑和手机购物。

上图中，比较明显的变化是，截至2014年12月，我国网络购物用户已达到3.61亿，比2013年年底增加了5953万人；我国网民使用网络购物的比例从48.9%增加到55.7%。网络购物用户的主要群体虽然还是年龄在20岁到29岁之间的年轻人，但也不仅限于年轻人，50岁及以上的老人也增加较快，比2013年增长33.2%。

此外，还有一个显著变化，即2014年手机购物市场发展较快。从图表可以看出，2014年我国手机网络购物用户达到2.36亿，而2013年仅为1.44亿，手机网络购物用户数量增长迅速。与之相关，手机购物用户的比例也在增加，2013年占手机网民的28.9%，2014年增长了13.5%，达到42.4%，成为网络购物移动化的发展方向。

从调查结果可见，我国网络购物市场出现普及化和移动化的发展趋势。我们身边的网购族在不断增加，这与近年来网络的普及和电商网站的发展是分不开的。此外，关注网购数量增长的同时，网购安全问题也需要引起大家的重视，以保证网购的健康发展。

（改编自《截至2014年12月底，我国网络购物用户规模达到3.61亿，较2013年底增加5953万人，增长率为19.7%》，2015年11月2日，网址：http://www.chyxx.com/industry/201511/354250.html）

1. 根据范文，回答下列问题。

（1）文章主要介绍了什么方面的数据变化？

（2）从哪些语句可以看出来网络购物用户数量的变化？

（3）从哪些语句可以看出来手机网购用户数量的变化？

（4）这些变化的原因可能是什么？

（5）除了描述图表内容，作者还有什么建议？

2. 模仿例子，在范文中找到相应的词语和句式。

	词　语	句　式
表示增长	增加、增长	……增加到…… ……增加了……
表示比例		
表示关系		
表示结论		

六 输出表达（建议教学时间：100分钟）

下列图表是有关中国全民阅读的各种调查数据，请完成以下题目，并在此基础上完成一篇400字左右的图表说明文。

（一）图表材料①及讨论（建议教学时间：40分钟）

2015年中国全民阅读调查数据

图一　各类媒介阅读时长对比

讨论：

1. 调查中的阅读媒介包括哪些？
2. 哪些媒介的阅读时长有减少的趋势？原因可能是什么？
3. 哪些媒介的阅读时长有增加的趋势？原因可能是什么？

---

① （以下图表均选自《中国出版传媒商报》《2015年全国国民阅读调查数据报告公布 人均纸质图书阅读量为4.58本》，2015年4月20日，网址：http://www.360doc.com/content/16/0429/00/22010781_554662912.shtml）

图二 数字化阅读方式七年间变化趋势

讨论：

1. 数字化阅读方式有什么变化趋势？
2. 2012 年和 2015 年相比，数字化阅读方式有什么变化？

图三 各类数字化阅读载体的接触率变化

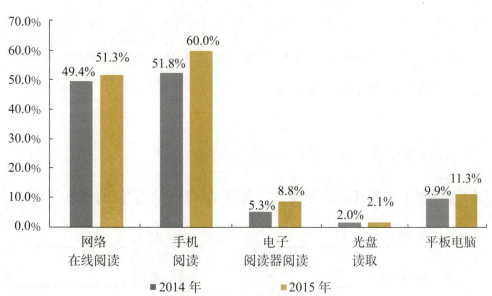

讨论：

1. 根据上图，数字化阅读方式包括哪些？

2. 2015年与2014年相比，各类阅读方式有什么变化？请分析原因。

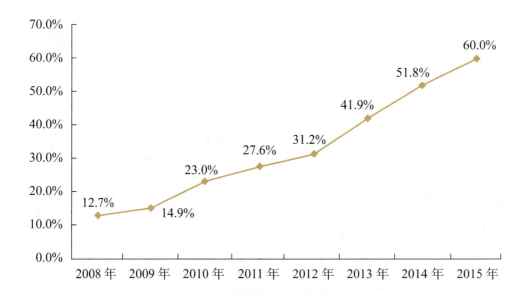

图四　历年手机阅读接触率变化趋势

讨论：

1. 从2008年至2015年，手机阅读呈现出怎样的发展趋势？

2. 你常用手机阅读吗？为什么？

（二）**写作实践**（建议教学时间：60分钟）

1. 查一查下面的词语，加拼音，并简单解释一下它们的意思。

（1）数据_____　　（2）媒介_____

（3）数字化_____　　（4）载体_____

(5) 接触＿＿＿＿＿＿　　　　(6) 分析＿＿＿＿＿＿

(7) 趋势＿＿＿＿＿＿　　　　(8) 呈现＿＿＿＿＿＿

2. 根据上面四个图表的内容，完成下列句子。

(1) 根据图一，与传统阅读媒介相比，＿＿＿＿＿＿阅读时长增加明显。

(2) 根据图二，数字化阅读方式接触率2009年仅为＿＿＿＿＿＿，而到了2015年，则增长了＿＿＿＿＿＿，达到＿＿＿＿＿＿。

(3) 根据图三，在数字化阅读方式中，2014年至2015年＿＿＿＿＿＿载体的接触率变化最大。

(4) 根据图四，随着数字化阅读方式的普及，手机阅读接触率不断提高，从2014年的＿＿＿＿＿＿提高到2015年的＿＿＿＿＿＿。

3. 根据以上图表及讨论，整理出2015年中国全民阅读调查数据的各项指标，模仿范文，先列出提纲，再完成一篇400字左右的说明文。

2015年中国全民阅读调查报告

写作提纲：

第一段：＿＿＿＿＿＿＿＿＿＿＿＿＿＿＿＿＿＿＿＿＿＿＿＿＿＿＿＿

＿＿＿＿＿＿＿＿＿＿＿＿＿＿＿＿＿＿＿＿＿＿＿＿＿＿＿＿＿＿＿＿

第二段：＿＿＿＿＿＿＿＿＿＿＿＿＿＿＿＿＿＿＿＿＿＿＿＿＿＿＿＿

＿＿＿＿＿＿＿＿＿＿＿＿＿＿＿＿＿＿＿＿＿＿＿＿＿＿＿＿＿＿＿＿

第三段：_____

_____

第四段：_____

_____

第九课　中国网络购物市场的发展

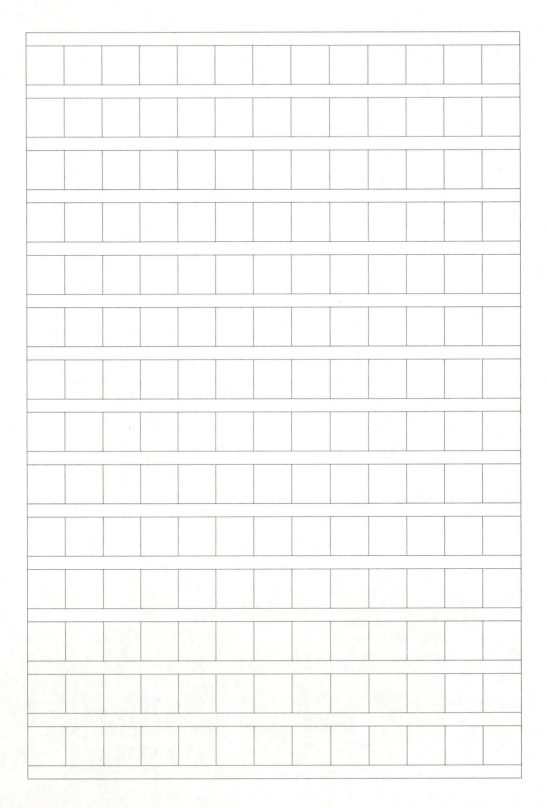

第十课

《虎妈战歌》读后感

一 知识银行（建议教学时间：15分钟）

1 写作知识：读后感

读后感是指读了一本书、一篇文章、一段话或一句名言后，把所感所想写成文章。读后感是一种常用的应用文体。

读后感要处理好"读"和"感"的关系，写作中把议论、叙述、抒情结合起来。写感受前要仔细思考分析，选取感受最深的地方来写。写时可以先简述原文，提炼读后有感的部分，再联系实际，最后总结全文。写读后感应注意以下问题：

（1）文章开头应该简单介绍所读作品，注意做到"简"，只简单介绍跟自己感想有关的内容；

（2）选择感受最深的一点，分析材料，抓住重点，表明自己的观点；

（3）举例子或讲道理，证明自己的基本观点；

（4）联系身边实际，表达真情实感。

2 汉语知识：复句

复句是由两个或两个以上意义有关联、结构上互不包含的单句形式组成的。由关联词语组成的复句是我们经常见到的，根据分句之间的语义和不同的逻辑关系，这类复句可以分为并列关系复句（如"既……，又……"），承接关系复句（如"先……，接着/然后……""一……，就……"），递进关系复句（如"不但……，而且……""……，甚至……"），选择关系复句（如"或者……，或者……""要么……，要么……"），转折关系复句（如"虽然……，但是……"），因果关系复句（如"因为……，所以……"），假设关系复句（如"如果……，就……""即使……，也……"），条件关系复句（如"只有……，才……"），等等。

复句类型	关联词语	例　句
并列复句	既……，又……	这本书既实用，又便宜。
	不是……，而是……	他不是从美国来的，而是从加拿大来的。
承接复句	一……，就……	他刚一下班，就匆匆地赶往学校接儿子回家。
	先……，接着/然后……	她进教室后先放下书包，接着就帮大家一起装饰圣诞树。
递进复句	不但……，而且……	这个活动不但丰富了学生们的课外生活，而且能检验他们应用知识的能力。
	……，甚至……	我们都没有他的消息，甚至他的家人也不知道他在哪儿。

（续表）

复句类型	关联词语	例　句
选择复句	或者……，或者……	明天是周末，我终于可以休息了，或者在家看书，或者去公园散步。
	要么……，要么……	你明天要么坐地铁去，要么打车去，别坐公交车了，来不及。
	不是……，就是……	教室里的学生不是在做作业，就是在看书。
	宁可……，也不……	我宁可少挣一点儿钱，也不去那家公司工作。
转折复句	虽然……，但是／但／却／可是……	虽然我没看过那部电影，但是我了解那里的情况。
因果复句	因为……，所以……	因为他总是休息不好，所以健康出现了问题。
假设复句	如果……，就……	如果明天天气不好，我们就待在家里吧。
	即使……，也……	那本书很实用，即使不便宜，我也要买。
条件复句	只有……，才……	别人都没有钥匙，只有他来了，才能打开门。

二 头脑风暴（建议教学时间：20分钟）

（一）快速回答

1. 你觉得父母的教育对你影响大吗？
2. 在你做出重大决定前，你会征求父母的意见吗？
3. 你认同父母对你的教育方法吗？有不认同的方面吗？

（二）小组讨论

你了解中国家长教育孩子的方式吗？和你们国家的父母有什么不同？最近，网上的一些讨论引起了人们的广泛关注。请结合你的亲身经历，就以下几个表述谈谈自己的意见，并跟同组同学交流。

1. 如果孩子缺乏自信心，其实是因为父母给他们的建议多过了鼓励。
2. 如果父母什么东西都给孩子买，可他们还会去拿不属于他们的东西，其实是因为父母不让他们选择自己想要的东西。
3. 如果孩子嫉妒心很重，那可能是因为父母总是拿别的孩子和他们比较。
4. 如果孩子很容易生气，可能是因为父母给他们的赞扬不够，他们只有行为不当的时候才能得到注意。
5. 如果孩子不会尊重别人的感受，那是因为父母总是命令他们，不尊重他们的感受。
6. 如果孩子总是行为粗鲁没有礼貌，其实那是从家长或者身边的人那里学来的。
7. 如果孩子总是神神秘秘的，什么都不告诉父母，那是因为父母总是爱打击他们。

参考表达格式：

① 正如文中/书中所说，……
② 换句话说，……
③ 对我来说，……
④ 依我看/在我看来，……
⑤ 就我而言，……
⑥ ……，可见，……
⑦ 从这个角度来说，……
⑧ 总而言之，……
⑨ 总之，……

三 偏误分析（建议教学时间：10分钟）

一	些	同	学	认	为	汉	字	是	汉	语	最	难
学	的	部	分	，	对	我	，	发	音	是	最	难
的	。											

1. 请指出句子中的错误并改正。

|对|于|这|个|问|题|来|说|，|大|家|都|提|
|出|了|自|己|的|看|法|。| | | | | |

2. 请指出句子中的错误并改正。

_____

近	来	，	中	国	人	出	国	旅	游	的	人	数
日	益	增	长	，	这	个	情	况	可	见	，	中
国	人	的	生	活	水	平	提	高	了	。		

3. 请指出句子中的错误并改正。

_____

很	多	人	很	感	兴	趣	这	部	电	影	，	就
我	而	言	，	不	是	因	为	电	影	内	容	多
有	趣	，	而	是	因	为	他	们	被	电	影	的

演	员	吸	引	住	了	。					

4. 请指出句子中的错误并改正。

_____

四 词汇和语法（建议教学时间：25分钟）

练习 1 模仿下列句子的格式，写出新句子

1. 我对这种教育方式产生了一些质疑。

   我的句子：_____

2. 她在美国以严苛的教育方式成功地培养出两个优秀的女儿。

   我的句子：_____

3. 这对孩子与父母的关系会有一些负面影响。

   我的句子：_____

4. 学习成绩固然重要，但有没有收获不是都能用成绩来衡量的。

   我的句子：_____

练习 2 熟悉重点词语的用法，并尝试造句

1. 引起：这本书引起了中美教育观念的大讨论。

2. 例外：这位妈妈的成功让无数中国妈妈们羡慕不已，我也不例外。

3. 无疑：有两个如此优秀的女儿，这位妈妈无疑是成功的。

4. 作为：其他几项家规，作为从小接受中国式教育的我，也不能接受。

5. 处于：两个女儿一直处于父母的严格管控下。

6. 慕名：除了儿子生前的朋友，还有一些慕名来帮忙的人参加了音乐会。

练习 3 选词填空

引起　　例外　　无疑　　作为　　处于　　慕名

1. 最新出版的那本书_____了大家的关注。

2. _____他最好的朋友，我一定会尽力帮他的。

3. 换了新工作以后，他一直_____巨大的压力之下。

4. 如果说打篮球，李伟的球技_____是最好的。

5. 假期到了，这个景点到处都是_____而来的游客。

6. 大家无一_____都觉得小美最适合做这个工作。

五 范文（建议教学时间：30分钟）

《虎妈战歌》读后感

　　前几日跟朋友聊起教育子女的问题，朋友推荐给我一本书，叫《虎妈战歌》。原来这就是那本引起中美教育观念大讨论的书。书的作者是耶鲁大学法学院一位华裔美国教授，她在美国以严苛的中国教育方式成功地培养出两个优秀的女儿。这让无数中国妈妈们羡慕不已。我也不例外，决定好好儿学习一下。

　　"虎妈"的两个女儿都从三岁左右开始学琴，姐姐学钢琴，妹妹学小提琴。十四岁的姐姐获得了在卡内基音乐厅演奏的机会，十三岁的妹妹也获得了世界名师的指导。有两个如此优秀的女儿，这位妈妈无疑是成功的。然而，当我看到这位"虎妈"立下的十条家规时，我对这种教育方式产生了一些质疑。十条家规如下：（1）不准在外面过夜；（2）不准参加玩伴聚会；（3）不准在学校里卖弄琴艺；（4）不准抱怨不能在学校里演奏；（5）不准经常

看电视或玩儿电脑游戏；(6) 不准选择自己喜欢的课外活动；(7) 不准任何一门功课的学习成绩低于 A；(8) 不准只在体育和文艺方面拔尖，而其他科目平平；(9) 除钢琴或小提琴外，不准演奏其他乐器；(10) 不准在某一天不练习钢琴或小提琴。

　　成功是需要付出代价的。两个小姐妹从小的生活被练琴占据了绝大部分时间。她们没有时间跟同学朋友玩耍，也不能去参加学校的课外活动。她们每天生活在妈妈的严格管控下。尽管我也同意十条中关于"不准在外面过夜、不准经常看电视或玩儿电脑游戏"等几项，但是其他几项，作为从小接受中国式教育的我，也不能接受。

　　在我看来，小孩子虽然需要来自父母的指导，但不是完全被父母掌控。首先，孩子需要释放爱玩儿的天性，这样孩子才能得

到快乐。父母应该让他们自己在宽松的环境中自由地选择和发展爱好，因为兴趣是最好的老师。书中虎妈的小女儿虽然取得了很棒的成绩，但她最终放弃了小提琴，去学习她自己喜欢的网球。其次，学习成绩当然重要，但有没有收获不是都能用成绩来衡量的。在中国，很多老师都有一个经验，往往成绩不是太好的"差生"在未来可能更容易成功。因为他们思维活跃，不是读死书，能活学活用书本上的知识。再有，一直处于家长的严格管控下，对孩子与父母的关系也会有一些负面影响。书中的虎妈和两个女儿应该没有什么平等的对话机会，十几年来母女关系一直比较紧张。女儿无法理解母亲以这种方式表达出的爱，虎妈自己也很委屈，正如她在书中所说："我是妈妈，我做的一切都是为了她们的未来，而不是为了讨得她们的欢心！"虽是好心，可是女儿们并不能接受。

　　这让我想起另一位美国妈妈，她和儿子的关系一直非常融洽。她的儿子是一位艺术家，她一直全力支持儿子追寻音乐梦想，并且在儿子离世后，每周还继续在家里举办音乐会，请儿子生前的朋友及一些慕名而来的人参与表演，把黑人音乐带给更多的人。

相对于虎妈深深隐藏在严格背后的对孩子的爱，这位母亲表现得更为直接。鼓励与坚信，这是西方妈妈的理念。或许这位美国妈妈的儿子不是那么有名，成就也并不大，但对她来说，儿子已经是一位英雄，是她的骄傲。

人生的快乐、意义、成功，有不同的衡量标准。就我而言，跟孩子取得的"成功"相比，我更在意孩子是不是快乐，是不是追随内心去做一些事情，是不是具备基本的社交和生活能力。换句话说，钢琴或者小提琴的成功，不一定带来生活的幸福和快乐。

1. 根据范文，回答下列问题。

（1）这篇文章的作者是读了哪本书后写下的这篇文章？

（2）这本书的大概内容是什么？

(3）作者对书中的什么内容谈了自己的看法？

(4）作者的观点是什么？她同意书中的观点吗？

2. 请总结文章中每一段的段落大意，并找出重点句。

第一段段落大意：_____

重点句：_____

第二段段落大意：_____

重点句：_____

第三段段落大意：_____

重点句：_____

第四段段落大意：_____

重点句：_____

第五段段落大意：_____

重点句：_____

第六段段落大意：_____

重点句：_____

六 输出表达（建议教学时间：100分钟）

人们对教育的看法、对成功的定义都不尽相同，请你根据下面的几段文字，结合范文《〈虎妈战歌〉读后感》，完成一篇450字左右的读后感，谈谈你对教育和成功的看法。

（一）阅读材料

1. 环境对人的影响

（1）"孟母三迁"的故事

孟子年少时，他家住在坟墓附近。孟子经常喜欢在坟墓之间玩耍。孟母看见了，觉得这个地方不适合居住，于是就带着孟子搬到市场附近居住下来。可是，孟子又玩闹着学商人做买卖。孟母又觉得这个地方也不适合孟子居住，于是又搬到书院旁边住下来。这次，孟子便模仿书院里的学生学习，礼貌地行事。孟母认为，这才是适合居住的地方，于是就在书院旁边定居下来了。

（2）近朱者赤，近墨者黑

"近朱者赤，近墨者黑"的意思是"靠近朱砂的地方变红，靠近墨的地方变黑"。比喻接近好人可以使人变好，接近坏人可以使人变坏。这句话指客观环境对人有很大的影响。

（3）（荷花）出淤泥而不染

比喻从污俗的环境中走出来，却能保持纯真的品质而不染上坏习气。

2. 关于成功

（1）成功的定义：每个人都对成功有着不同的定义，以下是几种关于成功的定义。

A. 成功＝知识＋梦想＋自信＋努力

B. 每一天都过得开心幸福，家人都健康。

C. 在大城市里，拥有一套大房子，拥有一辆汽车，还有一份体面的高收入工作。

D. 不缺钱，想做什么就做什么。

E. 通过自己的努力，成为像偶像（各个领域有名的人）一样的人。

F. 成功是不管做大事、小事都能成功。

G. 成功就是能给家人提供一个好的物质生活环境。

（2）法国市场调查公司益普索（Ipsos）对20个国家进行了名为"全球物质主义、理财和家庭态度"的调查。调查结果显示，中国人对物质的重视程度远远高于其他国家。有71%的中国人认为，衡量自己是否成功要根据自己拥有的东西多少决定。其他国家仅34%的人同意这个观点。对于婚姻，有52%的中国女性认为房子是结婚的必要条件。

（二）阅读理解

1. 查一查下面的词语，加拼音，并简单解释一下它们的意思。

（1）坟墓_____　　　　（2）模仿_____

（3）墨＿＿＿＿＿＿＿＿＿　　（4）朱砂＿＿＿＿＿＿＿＿＿

（5）比喻＿＿＿＿＿＿＿＿＿　　（6）污俗＿＿＿＿＿＿＿＿＿

（7）染＿＿＿＿＿＿＿＿＿　　（8）定义＿＿＿＿＿＿＿＿＿

（9）体面＿＿＿＿＿＿＿＿＿　　（10）偶像＿＿＿＿＿＿＿＿＿

（11）物质＿＿＿＿＿＿＿＿＿　　（12）衡量＿＿＿＿＿＿＿＿＿

2. 根据阅读材料完成下列表格，再进行小组讨论。

（1）环境对人的影响

	环境对人有决定性影响	环境对人没有决定性影响
材料示例		
你的观点		

（2）关于成功

　　请从以下几个方面总结材料中对成功的理解，并和同学分享你的观点。

理解角度	材料中的观点	你的观点
物质		
精神		

（续表）

理解角度	材料中的观点	你的观点
个人		
家庭		
社会		

3. 根据以上讨论，找到自己最有感触的一点，先列出提纲，再完成一篇450字左右的读后感。

对_____的看法

写作提纲：

第一段：_____
_____

第二段：_____
_____

第三段：_____
_____

第四段：_____
_____

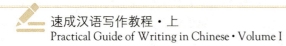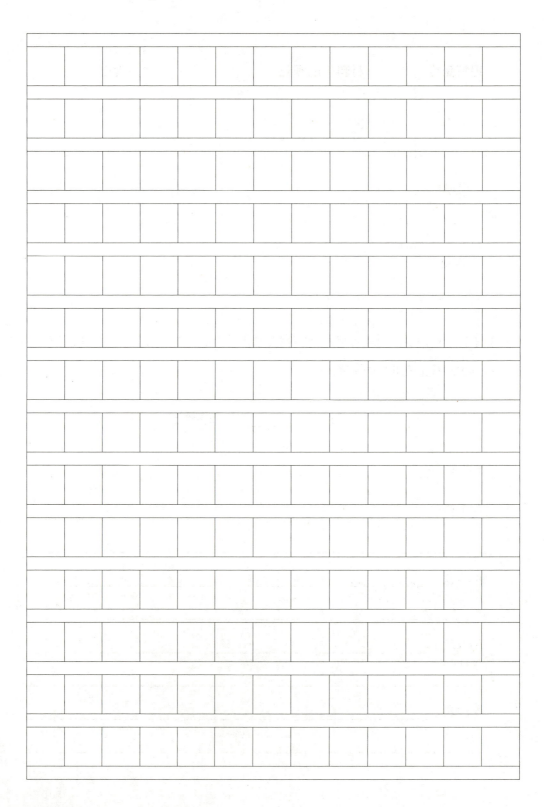

第十课 《虎妈战歌》读后感

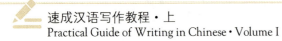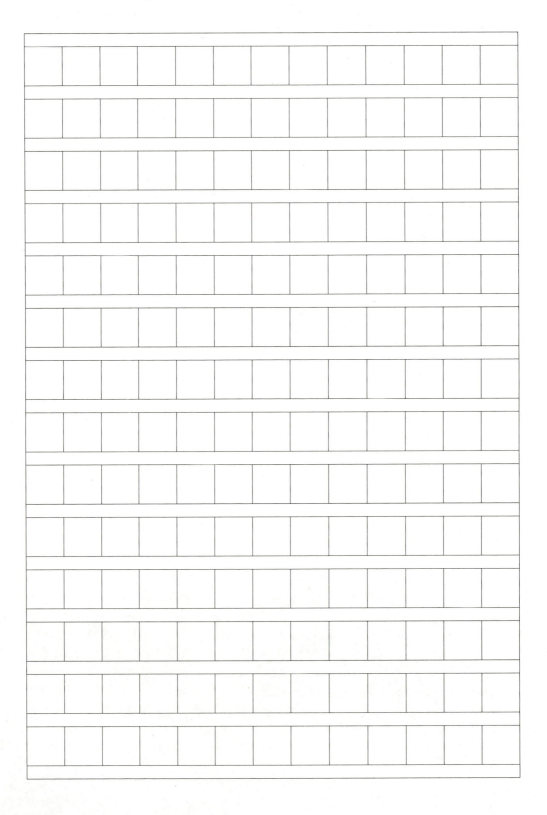